AF503188

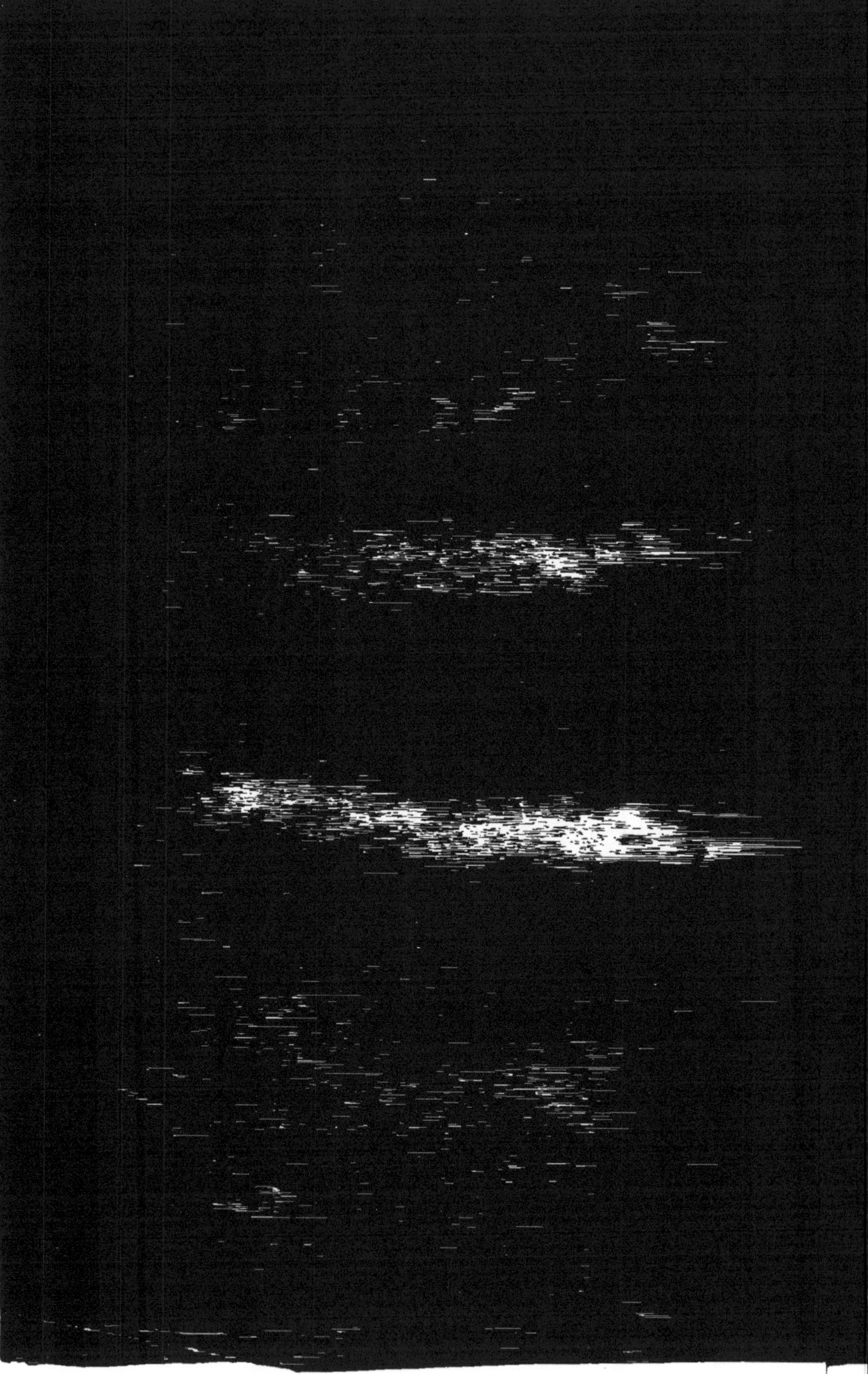

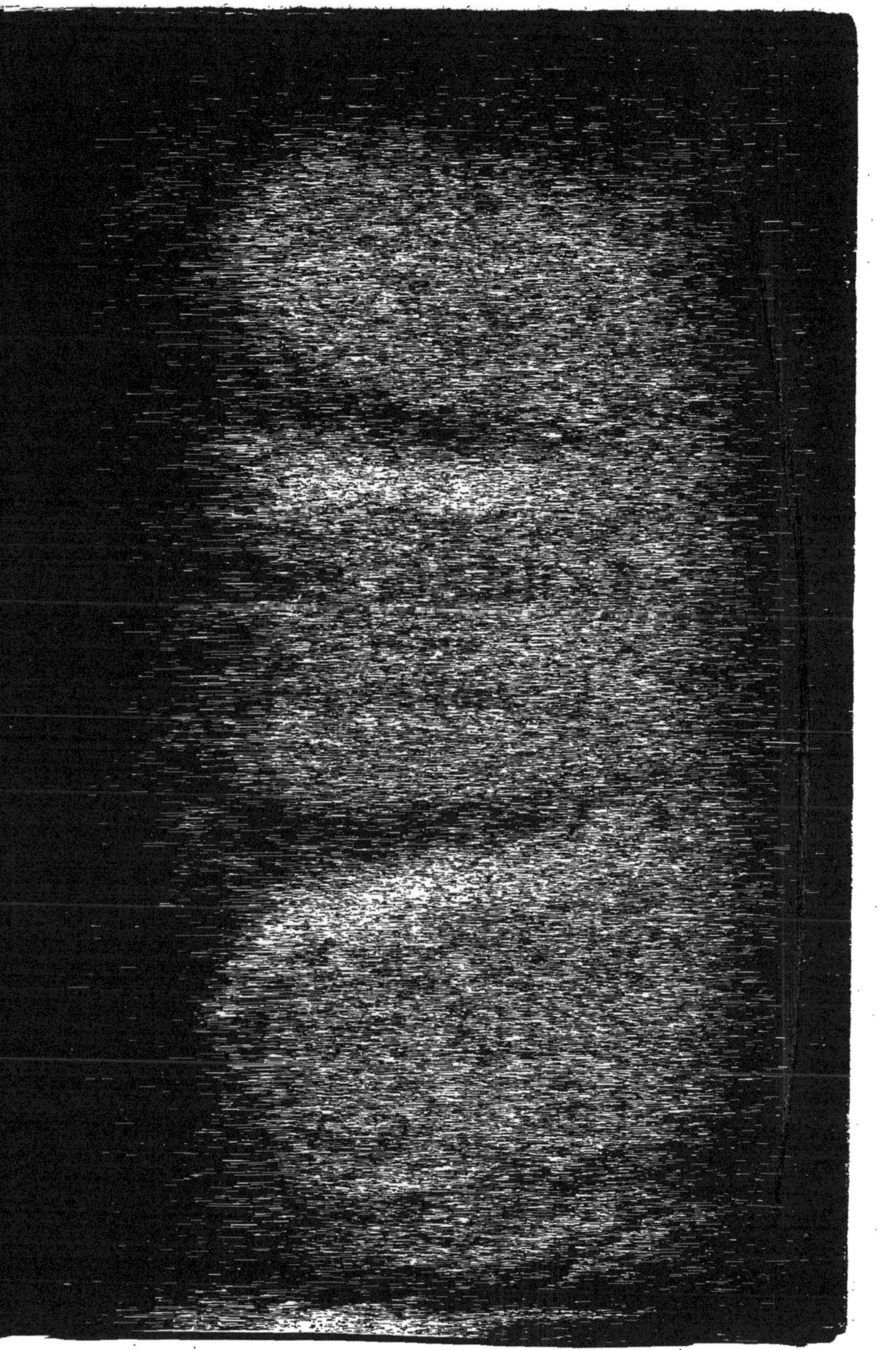

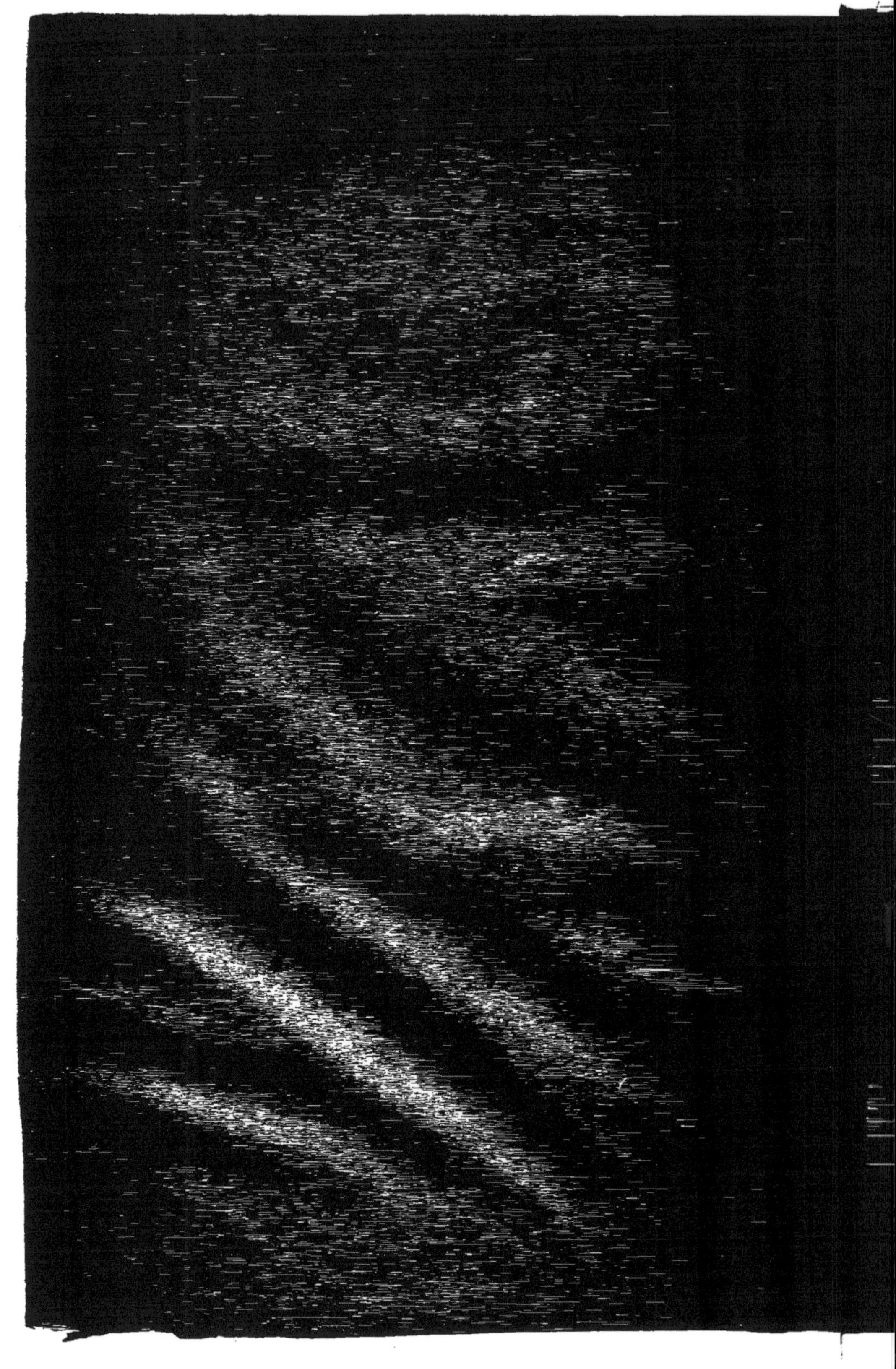

LA

DETTE SACRÉE

DE L'ÉTAT

ENVERS L'ÉGLISE

Constitution de 1791, titre V, article 2 :

« Sous aucun prétexte, les fonds nécessai-
« res à l'acquittement de la dette natio-
« nale ne peuvent être ni refusés, ni
« suspendus. »

« Le traitement des ministres du Culte
« fait partie de la dette nationale. »

Décret de la Convention du 27 juin 1793 :

« Le traitement des ecclésiastiques fait
« partie de la dette publique. »

« C'est là une véritable dette que, par le
« droit du plus fort, l'État ne paiera
« plus. Il garde les biens et refuse
« d'acquitter la charge qui en est le
« prix. »

Discours de M. de Lamarzelle. Sénat, séance du
6 décembre 1905.

LE PÈRE DE SALINIS

LA
DETTE SACRÉE
DE L'ÉTAT
ENVERS L'ÉGLISE

PARIS
P. LETHIELLEUX, LIBRAIRE-ÉDITEUR
10, RUE CASSETTE, 10

OUVRAGES DU MÊME AUTEUR

Marins et Missionnaires. Conquête de la Nouvelle-Calédonie. 1 vol. in-8°, illustré. 10° mille. *Ouvrage couronné par l'Académie Française.*

La Marine au Dahomey. La Campagne de la Naïade, 1 vol. grand in-8°, orné de deux cent trente illustrations. 4e mille.

Le Guet-Apens de Ouidah. 1 vol. in-8° (*épuisé*).

Les Précurseurs du naturalisme contemporain (*épuisé*).

Marins et Missionnaires. La Campagne du Sané. (*En préparation.*)

LA DETTE SACRÉE DE L'ÉTAT

ENVERS L'ÉGLISE

CHAPITRE PREMIER

La législation révolutionnaire de 1789 a enlevé à l'Eglise catholique ses biens et tout droit légal de propriété sur ces biens.

Le 2 novembre 1789, l'Assemblée Nationale décrète « que tous les biens du clergé sont mis à la disposition de la nation (1). ». Décret perfide et spoliateur qui est le premier acte d'une tragédie dont le dénouement sanglant se déroulera sur l'échafaud, au pied de la guillotine. Les décrets de 89 laissaient entrevoir ceux de 93. « La différence entre 89 et 93, a dit le cardinal Pie, rapportant un mot de Mgr de Mérode, c'est que 89 n'est que la toilette du condamné. » Ici le condamné, c'est l'Eglise catholique.

Une première fois spoliée, elle voit se succéder

(1) Décret de l'Assemblée Nationale du *2 novembre 1789*.

tour à tour, pendant les années qui suivent, les décrets réglementant, légalisant, consommant sa ruine matérielle.

La Révolution, par l'organe de ses assemblées législatives, déclare que les biens des Fabriques sont compris dans les biens nationaux ; elle ordonne de les vendre (1).

Bientôt l'administration même des Fabriques est supprimée (2).

Un mois après, l'Assemblée Nationale décrète l'enlèvement et la vente du mobilier des églises (3).

Le 13 septembre 1793, la Convention supprime les rentes qui étaient dues aux églises (4).

Le 3 novembre de la même année, la spoliation est complétée par une déclaration qui rend tout l'actif affecté aux Fabriques propriété nationale (5).

Cette législation brutale, contraire à tout droit et à toute justice, a trouvé et trouve encore des défenseurs (6). Il y en a de toutes les nuances intellectuelles, et de toutes les couleurs politiques : les gallicans hypocrites qui prétendent protéger l'Eglise

(1) Décret du *5 novembre 1790*.
(2) Décret *du 19 août 1792*.
(3) Décret *des 12-14 septembre 1792*.
(4) Décret du *13 septembre 1793*.
(5) Décret du *3 novembre 1793*.
(6) Pour l'histoire de la législation révolutionnaire, voir Lucien Brun : *Dix ans de l'histoire du droit*. La propriété ecclésiastique et les lois révolutionnaires. *Revue Catholique des Institutions et du Droit. Juin 1887*, n° 6.

contre elle-même en la dépouillant ; les légistes césariens qui immolent tous les droits à une prétendue légalité , et les ennemis de Dieu et de la foi catholique, n'ayant qu'un désir au cœur, l'athéisme social par la destruction de l'Eglise de Jésus-Christ. Ces derniers grossissent les rangs de la Franc-Maçonnerie.

Il faut, disent les parlementaires gallicans, il faut ramener l'Eglise à son véritable esprit. « Les premiers fonds affectés au culte chrétien, — c'est ainsi que s'exprime un de ces bons apôtres, — furent des oblations ou dons volontaires, bientôt après des dîmes, enfin des immeubles, et ces dernières fondations n'étaient point encore considérables, que le plus éloquent des pères de l'Eglise en signalait déjà les inconvénients : « Les évêques, disait-il, au lieu de s'occuper du salut des âmes, ne pensent qu'à la gestion de leurs propriétés; il faut en revenir au temps des Apôtres. » Il faut garantir la religion des nouveaux malheurs que pourrait lui susciter l'imprudence de ses ministres et préserver les personnes vraiment pieuses et qui se bornent à l'exercice de leur culte, d'être sans cesse tourmentées par des doléances, des plaintes qui alarment leur conscience et troublent leur repos. (1). »

C'est un argument que Péthion avait déjà fait

(1) Rapport de M. de Laborde au Corps législatif, le 25 mars 1837.

valoir (1) ; et plus tard, pour demander la sépara-tion de l'Eglise et de l'Etat, M. Pichon s'appuiera sur l'autorité du Père Lacordaire (2). N'est-ce pas le même sentiment qui faisait intervenir les textes de la Bible (3) et l'autorité des épîtres de saint Paul (4)?

Ainsi parlent, en s'adressant aux hommes poli-tiques de leur temps, les défenseurs de la législation révolutionnaire : invoquant pieusement le témoi-gnage de saint Jean Chrysostome, le plus éloquent des Pères de l'Eglise, de Lacordaire, le plus illustre des orateurs catholiques, et même les versets de l'Ancien et du Nouveau Testament, afin de légi-timer les décrets de 1793 !

A ces insinuations hypocrites ne doit-on pas préférer la franchise haineuse des ennemis déclarés de l'Eglise Catholique ?

Ce n'est plus au nom de la déclaration de 1682, sous prétexte que l'Eglise doit limiter sa puissance aux choses spirituelles, que les partisans de la Révolution et de l'athéisme social veulent arracher à l'Eglise tous ses biens temporels ; ils l'avouent, ils travaillent à détruire l'influence du catholicisme ;

(1) *Moniteur, 21 octobre 1789.*
(2) *Officiel.* Séance de la Chambre des députés, *29 janvier 1887.*
(3) *Moniteur, 2 novembre 1789.*
(4) Rapport de M. de Laborde, *ibidem.*

la mesure est plutôt politique et religieuse que financière.

« Elle est dictée par une ancienne et longue répugnance du peuple pour la domination directe ou indirecte du Clergé ; aversion si forte qu'elle a survécu même au désastre de ce corps. » C'est l'avis exprimé, dès 1837, par un ennemi du catholicisme (1). Aveuglé par sa passion, il oublie que, docile et reconnaissante, la France a été faite par ses évêques, comme la ruche par les abeilles.

Jetant bas le masque, les sectaires se déclarent ouvertement : ils confessent qu'ils agissent par haine ; l'Eglise catholique est l'ennemie. « Oui, dit Paul Bert, il n'y a qu'un ennemi, celui qu'ont désigné en France tous les grands politiques, depuis les vieux parlementaires et les juristes des siècles passés, jusqu'à Gambetta, qui le foudroya de cette apostrophe terrible : « Le cléricalisme, voilà l'ennemi ! » Oui, le seul ennemi, entendez-vous bien ; car les autres ne sont que des adversaires (2). »

Dès la première heure, le Souverain Pontife Pie VI ne s'était pas fait illusion sur les projets sacrilèges des législateurs de la Révolution. « Qui ne voit, écrivait-il aux évêques de France, que le principal objet des usurpateurs, dans cette inva-

(1) *Moniteur.* Séance du Corps législatif du *25 mars 1837.*
(2) Discours de M. Paul Bert.

sion des biens ecclésiastiques, est de profaner les temples, d'avilir les ministres des autels, et de détourner, à l'avenir, tous les citoyens de l'état ecclésiastique (1). »

Et rappelant les droits de l'Eglise, société parfaite, capable de tous les droits qui sont l'apanage des sociétés parfaites, le Pape s'écria avec les saints Conciles (2) : « Il n'est permis à personne d'ignorer que tout ce qui est consacré à Dieu... tout ce qui a été une fois dédié au Seigneur, est au nombre des choses saintes et appartient à l'Eglise. C'est pourquoi quiconque enlève et ravage, pille et usurpe l'héritage appartenant au Seigneur, et à l'Eglise, doit être regardé comme un sacrilège. »

Si, dans cette étude, notre but était de considérer l'Eglise au point de vue théologique ou purement canonique, ses droits étant imprescriptibles, nous dirions avec les esprits impartiaux que « l'Eglise a un gouvernement, une législation, une juridiction, une autorité et des sujets : bref qu'il ne lui manque aucun des attributs d'un corps politique parfait (3) », et nous conclurions, avec le Souve-

(1) Bref de Pie VI aux évêques de France, *9 mars 1790.*

(2) Xe *Concile de Tolède,* cité par Pie VI, dans le Bref aux évêques de France.

(3) Pilgram. *Physiologie de l'Eglise,* ou *Etude sur les lois constitutives de l'Eglise,* traduit sur la 3e édition par Reinhard. Paris, chez Périsse, p. 63.

rain Pontife, qu'elle a le droit d'être propriétaire et d'administrer ses biens sans contrôle. Aussi bien notre thèse serait facile à prouver ; mais telle n'est pas notre tâche.

La question de la propriété des biens ecclésiastiques, en France, a été la matière d'un contrat signé par l'Eglise et par l'Etat. L'Eglise a consenti elle-même à une diminution dans l'exercice de ses droits. Ce sont les limites des concessions faites par l'Eglise que nous avons à tracer.

Aussi bien l'Etat moderne, fondé sur l'indifférence religieuse par une conséquence illogique de la liberté de conscience, n'entendrait pas notre langage théologique. Il reconnaît encore moins les lois canoniques. Bien plus, il prétend asservir l'Eglise à son despotisme, et se servir contre elle des concessions arrachées à sa maternelle bienveillance.

L'Etat engendré par la Révolution tient à son service les sophismes les plus grossiers et il est conduit par des légistes doctrinaires qui l'entraînent aux derniers excès, en lui apprenant à dissimuler les pires infamies sous le masque de la légalité.

Le Souverain Pontife Pie VI parle de choses saintes, inviolables sous peine de sacrilège : la Révolution déclare, par la bouche de ses légistes, que «la loi française n'a pas conservé les *res sacræ* des anciennes législations (1) ». Il n'y a donc pas pour elle de sacrilège, comme il ne saurait y avoir de religion. La loi, voilà sa chose sacrée, sa religion ; la volonté nationale respectée jusque dans ses égarements, voilà son culte !

Et comment les légistes césariens, qui ont paganisé notre société moderne, reconnaîtraient-ils le droit inné de l'Eglise à la propriété? Ils estiment, d'après les principes du Droit Romain et du Droit Civil moderne, que nul corps moral, nulle *Universitas*, nul *Collegium*, n'est capable de propriété que du fait de la loi, et dans la mesure où la loi lui accorde la vie légale, laquelle n'appartient aux personnes morales que par une fiction du droit civil.

Aussi ils ne méconnaissent pas seulement le droit naturel de l'Eglise catholique à vivre, à posséder comme toute société parfaite, ils vont plus loin : ils prétendent que la loi française ne lui donne même pas un droit légal de propriété. Ils basent leur opinion sur un texte qu'ils torturent et sur des principes erronés qui les aveuglent.

Nous voulons prouver la fausseté de leur doctrine en restant sur leur propre terrain, qui est le terrain légal, non pas en recourant à une simple affirmation, mais par une discussion détaillée et

(1) Ducrocq. *Cours de droit administratif.* 1881, t. II, p. 546.

raisonnée. Et nous faisons appel à la science éclai-
rée et à l'honnêteté consciencieuse des hommes
de loi.

Croire que tous les jurisconsultes s'inclinent
devant l'idole moderne serait une erreur découra-
geante ; admettre que tous, sous peine d'entrer en
désaccord avec la législation de la France, doivent
être les esclaves d'une interprétation de texte souvent contradictoire, serait une illusion fatale. Il y
a une intelligence véridique, un esprit lumineux de
la lettre de la loi qui ne demandent ni l'abdication
de tout principe de justice, ni la lâche servilité
d'une conscience sans droiture.

Dans le cours de cette étude sur la situation
légale faite aux biens ecclésiastiques en France par
le Concordat de 1801, il nous sera donc donné d'entendre les échos de deux voix en opposition qui ne
sauraient et ne peuvent être d'accord : la voix de
l'esclave volontaire d'une fausse légalité, cherchant
dans l'obscurité même des textes un instrument à
sa passion impie, et celle du serviteur de la loi, indé-
pendant avec intelligence et loyauté, interprétant
toujours la lettre en faveur de la justice et du bon
sens.

Nous verrons ainsi en lutte, sur un même terrain, le sectaire dévoyé et l'honnête homme ; l'un
capable de la violation des droits les plus sacrés,

l'autre toujours sur la brèche prêt à les défendre.

La voix de la Révolution s'est fait entendre, approuvant sans réserve et s'efforçant de légitimer la législation impie de 1789 et de 1793. Ecoutons maintenant la protestation indignée des honnêtes gens : « Ce ne fut que par la plus insigne et la plus odieuse des spoliations qu'au début de la Révolution, dit un jurisconsulte catholique, l'Assemblée Constituante, s'emparant des biens ecclésiastiques, les déclara à la disposition de la nation. Il n'est pas possible d'apprécier autrement ce fait et sa moralité. Cette confiscation était une violation flagrante de tous les principes du droit naturel et du droit public, sur lesquels repose l'édifice social tout entier. L'Eglise la condamna et la flétrit; elle devait le faire moins dans son intérêt que dans l'intérêt de la société (1). »

Logiquement, par une déduction rigoureuse, la violation des droits de propriété de l'Eglise conduit à la ruine de la société civile. Si la spoliation est permise contre une société religieuse, on ne voit pas au nom de quels principes elle ne serait pas légitime quand il s'agira d'une société industrielle ou commerciale, de la société domestique ou familiale. Nous revenons au césarisme : le prince ou l'état seul propriétaire.

(1) *Journal des Fabriques*, t. III, 7ᵉ liv., p. 195.

Mgr Freppel, à la Chambre des députés, fit ressortir un jour ces conséquences fatales, en disant : « Entraînée par Mirabeau et par Talleyrand, l'Assemblée Constituante incorpora les biens ecclésiasques au domaine national... Je ne sais si le droit de propriété battu en brèche de toutes parts résistera toujours aux assauts qu'on lui livre ; je ne sais pas si, au vingtième ou au vingt et unième siècle peut-être, il n'aura pas son éclipse et le socialisme son jour de triomphe. Mais ce que je crois pouvoir affirmer, c'est que ce jour-là il cherchera sa première justification dans l'acte des Constituants de 1789 ; et cela est déjà fait, car c'est là-dessus, c'est sur la confiscation des biens ecclésiastiques par l'Assemblée Nationale, que s'appuie Karl Marx dans son vaste, son important ouvrage sur « Le Capital », pour soutenir que la nation est le seul et unique propriétaire du sol (1). »

(1) Discours de Mgr Freppel. *Officiel. Chambre des députés.* Séance du *29 janvier 1887.*

CHAPITRE II

L'Eglise et l'Etat reconnaissent que le Concordat a le double caractère d'un contrat et d'une loi.

Napoléon Ier, qui avait la prétention de travailler au salut de l'ordre social, fortement troublé par les crimes de la démagogie, sembla comprendre lui-même combien la cause de la société civile était intimement liée à celle de l'Eglise catholique. Au lendemain de la victoire de Marengo, le Premier Consul s'engagea « à lever tous les obstacles qui pourraient s'opposer à l'entière réconciliation de la France avec le chef de l'Eglise (1) ».

Mais combien d'erreurs, inspirant fâcheusement le despote révolutionnaire, devaient, dans des négociations aussi graves et aussi délicates, faire craindre mille fois que la tentative de réconciliation n'aboutît à une rupture. Le Premier Consul parla à l'Eglise en maître : il lui tendit la main, mais avec la prétention de la jeter à ses pieds. La fermeté du Saint-Siège sauva la cause de la vérité et

(1) *Correspondance de Napoléon Ier*, t. VI, p. 341.

du droit. En vain le conquérant de l'Europe essaya-t-il d'intimider l'Eglise : elle brava ses menaces et déjoua ses manœuvres frauduleuses (1).

Le Saint-Siège, tout en gardant sa dignité, se montra cependant désintéressé et condescendant jusqu'à l'extrême. « Je consens, disait Pie VII, à aller jusqu'aux portes de l'Enfer, mais j'entends m'arrêter là. » Et, après avoir accordé tout ce que sa conscience lui permettait, par un acte d'omnipotence unique dans l'Eglise de Dieu, le Pape signa le Concordat de 1801.

Le double caractère légal du Concordat est à noter dès à présent, parce qu'il a des conséquences immédiates et de la plus haute importance dans la question qui nous occupe. Il n'est pas et ne peut pas être contesté.

Le Concordat est à la fois un contrat et une loi. Sur ce point l'Eglise et l'Etat sont parfaitement d'accord.

« La Convention avec le Pape, disait Portalis au Corps législatif, le 15 germinal an X, participe à la nature des traités diplomatiques, c'est-à-dire d'un véritable contrat (2). »

Le Concordat est en même temps une loi. La

(1) *Mémoires du cardinal Consalvi*, t. I, p. 377.
(2) *Discours de Portalis au Corps législatif*, le *15 germinal an X*.

proclamation du 27 germinal lui reconnaît ce caractère. « Le chef de l'Eglise, dit-elle, a pesé, dans sa sagesse et dans l'intérêt de l'Eglise, les propositions que l'intérêt de l'Etat avait dictées ; sa voix s'est fait entendre aux pasteurs ; ce qu'il approuve, le Gouvernement l'a consenti et les législateurs en ont fait une loi de la République (1). »

« Prenez le *Bulletin des Lois*, dira plus tard Montalembert, et vous y trouverez le Concordat avec ce titre : « *Loi relative à l'organisation des cultes*. Au nom du peuple français, Bonaparte, premier consul, proclame loi de la République le décret suivant, rendu par le Corps législatif... » Et le décret porte que « la convention passée entre le Pape... et le gouvernement français... sera promulguée et exécutée comme loi de la République (2) ».

Les parties contractantes sont donc en harmonie parfaite de sentiment sur ce double caractère de l'acte qui les unit (3). Malheureusement il n'en est pas toujours de même sur d'autres points.

L'accord n'existe déjà plus lorsqu'il s'agit d'interpréter le texte de la Convention. Rédigée par des hommes habiles, elle semble cependant au regard

(1) Proclamation du *27 germinal an X*.
(2) *Discours du Comte de Montalembert à la Chambre des Pairs*.
(3) Desjardins, S. J., *le Concordat*, 1885, p. 9.

de beaucoup ne contenir que des termes vagues, susceptibles des interprétations les plus opposées. Le Concordat est à peine promulgué que des différends s'élèvent non seulement sur ce qui y est écrit, mais encore sur ce qui n'y est pas écrit. Dans ses *Mémoires* le principal négociateur au nom du Saint-Siège, le cardinal Consalvi, fait entendre ses doléances. « Le Gouvernement (de la République Française), écrit-il, proclamait toujours que tout ce qu'on ne lisait pas dans le Concordat subsistait d'après les lois de l'Eglise ; mais dès que le Concordat fut signé il déclara que tout ce qui ne s'y trouvait pas n'existait plus et était censé abrogé. Or, il n'y avait nulle part la plus petite place ou cause d'une pareille abrogation (1). »

Il vaut mieux croire toutefois, pour l'honneur du Premier Consul et de ses représentants, que cet acte libérateur ne fut pas un guet-apens tendu à la générosité du Chef de l'Eglise catholique.

Quoi qu'il en soit, nous nous en rapporterons à la brutalité des textes.

Quatre articles du Concordat règlent la question de la propriété ecclésiastique en France. Voici dans quels termes :

1° *L'article 12* est ainsi conçu : Toutes les églises métropolitaines, cathédrales, paroissiales et autres

(1) *Mémoires de Consalvi*, t. I, p. 415.

non aliénées, nécessaires au culte, sont remises à la disposition des évêques (1).

2° *L'article 13* : Sa Sainteté, pour le bien de la paix et l'heureux rétablissement de la religion catholique, déclare que ni elle, ni ses successeurs ne troubleront, en aucune manière, les acquéreurs des biens ecclésiastiques aliénés, et qu'en conséquence la propriété de ces mêmes biens, les droits et revenus demeureront incommutables entre leurs mains et leurs ayants cause.

3° *L'article 14* : Le Gouvernement assurera un traitement convenable aux évêques et aux curés dont les diocèses et les paroisses seront compris dans les circonscriptions nouvelles.

4° *L'article 15*. Le Gouvernement prendra également des mesures pour que les catholiques français puissent, s'ils le veulent, faire en faveur des églises des fondations.

A la première lecture le sens de ces conventions paraît évident. L'esprit le moins délié comprendra : 1° que tous les édifices religieux spoliés, qui n'ont pas été vendus et sont nécessaires pour l'exercice du culte, sont rendus par le Gouvernement aux évêques ; 2° que le Pape abandonne tous ses droits

---

(1) « Cette manière de procéder est manifestement conforme à la plus ancienne discipline. » Horoy, *Rapport du sacerdoce avec l'autorité civile au point de vue légal*, t. II, p. 374.

sur la propriété des biens ecclésiastiques spoliés,
mais déjà vendus.

D'une part le Gouvernement restitue les édifices
nécessaires au culte et libres; d'autre part, le chef
de l'Eglise fait le sacrifice de tous les biens qui ne
sont plus libres.

On saisit du même coup qu'il n'y a pas parité
entre la restitution par l'Etat des édifices religieux
non aliénés et l'abandon, par le Pape, de tous les biens
aliénés de quelque nature qu'ils soient. Et comme
dans un contrat on s'attend à ce que, donnant donnant, l'échange soit équivalent et les plateaux de
la balance autant que possible égaux, on n'est pas
surpris lorsqu'on constate que le Gouvernement de
la République, en retour, en compensation pour
la renonciation de l'Eglise à tous les biens aliénés,
s'engage à assurer un traitement convenable aux
ministres du culte.

Ce traitement se présente ainsi aux yeux de tous
avec le caractère d'une dette nationale. En apprenant que c'est la dette, inscrite en tête du Grand
Livre, avant même les rentes sur l'Etat, et que la
Constitution reconnaît cette dette, on s'incline, car
ce n'est là qu'une mesure de justice.

Les fondations que tout Français pourra faire
désormais, s'il le veut, en faveur des églises, parais-
sent marquer, sans l'ombre d'un doute, le retour

aux droits exercés dans le passé. C'est ainsi que, dans les siècles antérieurs, s'est constituée la propriété ecclésiastique.

L'Eglise de France, en la personne de ses évêques, redevient donc propriétaire des édifices religieux qui lui sont restitués ; elle est créancière de l'Etat pour les biens qu'elle a abandonnés ; et la dette contractée par l'Etat en vertu de cette créance sera payée sous forme de traitements ; de plus, toutes les fondations, faites à l'avenir en faveur de l'Eglise, seront la propriété de l'Eglise.

Tout cela est clair ; le sens de la Convention saute aux yeux. Ne pas le voir, c'est s'aveugler volontairement.

Ce qui apparaît d'une façon moins nette, c'est que les édifices religieux restitués doivent être mis à la disposition des évêques dans la mesure où ils sont nécessaires au culte, et par conséquent dans l'état matériel nécessité par les exigences du culte. Il faut un moment de réflexion pour saisir clairement que l'Etat s'engage implicitement, par l'article 12 du Concordat, à l'entretien des édifices : églises métropolitaines, cathédrales et paroissiales. L'obligation contractée serait en effet dérisoire, si les édifices nécessaires se trouvaient dans un état de délabrement tel que le clergé et les fidèles ne puissent pas en jouir, si les catholiques étaient contraints, à la longue, par suite du défaut d'entretien, de les abandonner.

Par une conséquence non moins rigoureuse, mais plus difficile à saisir, il paraît conforme à la loyauté, dans l'observation exacte et fidèle des engagements contractés, que l'Etat mette à la disposition des évêques, dans l'avenir et au fur et à mesure des exigences, les églises que les circonstances rendront derechef nécessaires au culte ; autrement dit, le gouvernement de la République ne doit pas se contenter de la restitution et de l'entretien des anciens édifices religieux, mais il est dans l'obligation d'en construire, à ses frais, de nouveaux, suivant les nécessités courantes. C'est un autre mode pour l'Etat de s'acquitter de sa dette envers sa créancière l'Eglise Catholique. Cette façon de se libérer est implicitement indiquée dans l'article 12 du Concordat.

Mais ne triomphons pas avant d'avoir combattu. Nous ne l'ignorons pas : ces interprétations logiques d'un texte fort net ont de nombreux adversaires qui s'efforcent de fermer les yeux à la lumière. Les pires aveugles sont ceux qui ne veulent pas voir.

L'Eglise Catholique a des ennemis qui sont trop bien disposés à méconnaître ses prérogatives et à les nier, pour qu'il ne soit pas nécessaire d'entrer dans les détails et d'approfondir la question. Ils ont trop le désir d'enchaîner l'Eglise pour qu'on puisse espérer qu'ils se résigneront à la laisser jouir en paix de ses droits à la propriété et, par là, à la liberté. La passion leur met un bandeau épais sur les yeux.

Et malgré tout « aucun motif de défiance et de haine n'existe contre l'Eglise catholique », dit très justement Lacordaire. « Elle a tout reçu, n'a rien usurpé et a tout béni : elle a reçu ses droits de Dieu et de la nature,... elle a béni la liberté, par l'usage qu'elle en a fait, et l'autorité en l'admettant au partage de sa propre couronne. Cependant elle n'a cessé, malgré la splendeur de sa légitimité et de ses bienfaits, de souffrir persécution. Comment cela se peut-il ? Quel vent lui amène de chaque siècle le bruit de l'outrage ? Je vous le dirai : deux esprits poursuivent l'Eglise et la poursuivront toujours, l'esprit de domination et l'esprit de licence. L'esprit de domination ne saurait supporter la liberté dont jouit l'Eglise, et l'esprit de licence a horreur de la vérité, de la grâce et de la vertu dont l'Eglise est l'infatigable apôtre et l'héroïque soutien (1). »

(1) Lacordaire. *6e Conférence. Des rapports de l'Eglise avec l'ordre temporel.*

CHAPITRE III

Les partisans des prétendus droits de l'Etat soutiennent que la loi concordataire, n'ayant pas abrogé la législation révolutionnaire, l'Etat est resté propriétaire légal des biens ecclésiastiques saisis en 1789.

Le texte des quatre articles du Concordat, que nous venons de citer, fait la matière de la controverse qui s'est élevée entre les défenseurs des droits légaux de l'Eglise et les partisans du pouvoir plus que régalien de l'Etat. Etudions ce texte avec soin.

En le relisant, on est amené tout d'abord à se poser deux questions.

Première question. — Les quatre articles précités établissent-ils d'une façon évidente que l'Eglise de France a conservé le droit légal de propriété ?

Seconde question. — Dans le cas où le Concordat reconnaîtrait à l'Eglise de France le droit de propriété, le texte de ces quatre articles désigne-t-il les biens que l'Eglise a le droit de posséder ?

La réponse victorieuse à ces deux questions est la solution du problème.

Avant de le résoudre, nous ne voulons pas nous arrêter à cette opinion inqualifiable dont la prétention serait que, même avant les décrets spoliateurs de 1789, l'Eglise de France n'était pas propriétaire.

Mgr Freppel l'a réfutée de main de maître à la tribune de la Chambre des Députés. Voici son argumentation pleine de science et de bon sens : « En se servant de ces mots « biens ecclésiastiques » dans son décret du 2 novembre 1789, dit le grand évêque, l'Assemblée reconnaissait par là même que les biens en question étaient véritablement des biens d'Eglise. Et, en effet, que le clergé, alors le premier corps de l'Etat, fût légitime propriétaire de ses biens, nul ne pouvait le contester sans nier l'évidence même. Depuis quatorze siècles, en France, les corps ecclésiastiques usaient, jouissaient, disposaient de leurs biens ; ils achetaient, ils vendaient, ils aliénaient, ils donnaient des baux, ils faisaient en un mot tous les actes qui constituent le droit de propriété en se conformant, bien entendu, aux lois et règlements qui gouvernaient la matière... Prétendre que les biens ecclésiastiques appartenaient à la nation, comme on l'a dit, jamais actes de donation, jamais charges de fondation n'ont porté ces mots : Je donne ou je lègue à l'Etat ou à la nation ; mais bien cette formule invariable : Je donne ou lègue à tel diocèse, à tel évêché, à telle fabri-

que, à tel chapitre, à telle paroisse, à tel monas-
tère... Les biens de l'Eglise étaient tellement sa
propriété que c'est même à ce titre qu'ils étaient
affranchis de la plupart des impôts. Les biens de
l'Eglise appartenaient si peu à la nation que, lorsque l'Etat était en détresse, il s'adressait aux assemblées du clergé pour en obtenir des secours ; et, en
cas de refus, au Pape pour solliciter l'autorisation de lever des subsides sur les corps ecclésiastiques. Tout cela est indiscutable (1). »

Tant et si bien que l'abbé de Montesquiou, s'a-
dressant à l'Assemblée Nationale de 1789, par ces
paroles résumait la même doctrine, sans qu'aucune
protestation ne se fît entendre : « Nous possédions
déjà avant l'invasion de Clovis. Le Clergé a pour
lui le titre originaire et la possession de plus de
dix siècles, pendant lesquels il a aliéné, hypothé-
qué, changé et traité de mille manières (2). »

L'Eglise de France était donc, sans contestation
possible, propriétaire légale de ses biens avant la
Révolution. Depuis, les décrets du régime révolutionnaire ont confisqué les biens du clergé, tout en
émettant la prétention d'enlever à l'Eglise le droit
de posséder ; mais le Concordat ne reconnaît-il pas

(1) Discours de Mgr. Freppel. *Officiel*. Chambre des députés.
Séance du *29 janvier 1887*.
(2) Discours de l'abbé de Montesquiou. *Moniteur*. Séance du *31
octobre 1789*.

de nouveau à l'Eglise de France le droit de propriété? Voilà la question.

Nous nous trouvons en présence de deux thèses opposées, contradictoires. Les légistes gallicans et révolutionnaires soutiennent la négative. Les juristes que n'aveuglent pas les passions de parti et les jurisconsultes catholiques se rangent hardiment, et non sans raison, du côté de l'affirmative.

Entendons les premiers.

En vertu des décrets de l'Assemblée Nationale et de la Convention, « tous les biens ecclésiastiques étaient devenus biens nationaux : les églises, les évêchés, les séminaires, les presbytères faisaient partie du domaine de l'Etat. Le rétablissement du service divin était impossible, si l'Etat ne mettait à la disposition des évêques les édifices nécessaires au culte. Tel fut l'objet de l'article 12 du Concordat de 1801... L'Etat *remet* à la disposition des évêques d'anciens édifices ecclésiastiques. Mais s'il accorde le libre usage, *il ne transmet pas la propriété;* il ne l'aliène pas en faveur d'un établissement, *il l'affecte* à un service public. Distinction fondamentale! » Bien plus, « le Saint-Siège, au moment du Concordat, était d'accord avec l'Etat sur ces prétentions. Il stipulait une *remise* particulière, il reconnaissait donc la validité de l'attribution générale des biens ecclésiastiques faite à l'Etat par la loi de 1789. Il reconnaissait que la propriété de l'Etat avait son fondement dans cette loi, et non dans l'approbation qu'il donnait aux ventes consommées, pour lever les scrupules et rassurer les consciences. *Le Concordat n'a donc pourvu qu'à la célébration du culte* (1). »

Et voilà la thèse radicale ! Elle suppose que la législation révolutionnaire qui a précédé le Concordat est encore en vigueur : en conséquence l'Etat serait toujours propriétaire des biens ecclésiastiques confisqués en 1789 ; l'Eglise de France serait à peine usufruitière de ces biens.

Les légistes maintiennent leur interprétation en déclarant qu'une doctrine contraire ne serait pas celle du Concordat ; qu'elle a été suivie par l'Etat qui a exercé sans opposition ses droits de propriétaire, changeant la destination de ces biens, spontanément, sans obligation préexistante, à titre d'affectation spéciale et révocable à son gré.

Aussi, continuent-ils, n'y a-t-il jamais eu de la part du Saint-Siège, après un abandon complet de tout droit à une propriété quelconque, ni réclamation ni protestation.

Et le droit de l'Etat, déjà établi par la loi du 2 novembre 1789, a été confirmé par les chartes et les lois subséquentes. D'ailleurs, il est « un des

(1) *Moniteur*. Chambre des pairs, *15 mai 1837*.

principes de notre droit public, une des bases de l'ordre social dans lequel nous vivons ».

En sorte que « toute doctrine contraire attaquerait ouvertement et dans sa base l'indépendance de la puissance publique et constituerait la contravention la plus formelle et la plus grave aux lois du pays (1) ».

« Le clergé propriétaire, s'écrie M. Pichon, mais c'est le contraire de la doctrine du Code civil ; c'est le contraire de la théorie de la propriété moderne (2). »

Telle serait la situation légale de l'Eglise de France au point de vue de la propriété.

Si réellement c'est là l'esprit de la loi, il consacre le triomphe du socialisme, le plus redoutable, du socialisme d'Etat, qui n'est que la contrefaçon du césarisme païen. L'Eglise de France est la proie qu'il dévore la première, en attendant les autres victimes. Un écrivain catholique fait très justement cette remarque : « La propriété des églises est aujourd'hui, aux yeux d'un grand nombre, une question. Mais c'est une *question* absolument comme la *question* du capital. Lorsqu'il sera établi que l'Etat est maître souverain, propriétaire

----

(1) *Moniteur.* Chambre des pairs, *15 mai 1837.*
(2) Discours de M. Pichon. *Officiel.* Chambre des députés. Séance du *29 janvier 1887.*

légitime de tout capital et de tout édifice, on pourra
reconnaître son droit de propriété sur les églises (1). »

L'Eglise de France spoliée, ruinée par la Révolution, n'aurait donc rien, même après le Concordat. Elle n'aurait le droit d'avoir rien. L'Etat aurait
en toute propriété les biens dont il s'est emparé,
et il en permettrait seulement l'usage à l'Eglise.
L'Eglise serait, en vertu même du traité concordataire, la pensionnaire de l'Etat : pensionnaire
salariée, il est vrai, mais ce serait tout.

« On a donc dit, s'écriait autrefois Montalembert
en entendant de semblables affirmations, on a donc
dit que l'Eglise n'est propriétaire de rien, que, pour
elle, il n'y a jamais eu ni par le Concordat, ni par
aucun acte postérieur, retour à la propriété ; qu'elle
n'a tout au plus qu'un droit de jouissance, d'affectation, absolument abandonné à la volonté de l'Etat.
D'où il résulte nécessairement que s'il plaît à l'Etat
ou à un de ses ministres de s'emparer des 30.000
églises qui ont été rendues au culte, d'en faire des
temples protestants ou bien de les appliquer à toute
autre destination étrangère, ou même profane, il en
a le droit ; d'où il résulte encore que tous les dons
et tous les legs faits à l'Eglise par les fidèles…, avec
la sanction formelle de l'Etat, ne sont, eux aussi,

(1) G. H. Castaing, le Concordat. Univers, 4 mai 1887.

qu'une jouissance provisoire sur laquelle l'Etat a le droit de mettre la main quand il lui plaît (1). »

Oui, c'est bien ainsi que les légistes de la Révolution entendent le droit de l'Etat et ses conséquences. Leur doctrine a même trop souvent prévalu au Conseil d'Etat, dont elle a inspiré parfois les décisions, surtout aux heures de vertige révolutionnaire.

L'Etat, disent-ils, peut du soir au lendemain jeter dehors, sur la rue, l'Eglise et ses prêtres. Non seulement l'Etat le peut, au dire des courtisans de la Révolution, mais l'orage que nous entendons gronder au-dessus de nos têtes et qui ne tardera pas à éclater, si Dieu ne nous vient en aide, nous avertit qu'il le veut.

(1) Discours du Comte de Montalembert à la *Chambre des Pairs*.

CHAPITRE IV

**Les juristes, défenseurs des droits de l'Eglise, affir-
ment et prouvent que la législation révolutionnaire et spoliatrice, nulle de droit, a été abrogée
par la loi concordataire.**

A ces prétentions arbitraires, qui reposent sur les
erreurs du socialisme et qui consacrent le despotisme de la Révolution, les juristes, défenseurs des
droits de l'Eglise, opposent une négation énergique,
au nom de tous les droits violés, au nom du Concordat et au nom des autres lois du pays.

Au nom de tous les droits, ils affirment que la
législation révolutionnaire qui a précédé le Concordat est nulle et annulée.

Au nom du Concordat, ils affirment que l'Eglise
a conservé légalement le droit de propriété, un
droit limité, il est vrai, mais réel.

Au nom des autres lois du pays, ils affirment
que ce droit de propriété a été reconnu par l'Etat,
et que cette reconnaissance a été de jour en jour
plus explicite.

Nous allons exposer le bien-fondé et les preuves de ces affirmations.

La question est capitale : les ennemis de l'Eglise, regardant en arrière, voudraient renouveler en 1906 les attentats de 1789. « Hier, a dit le grand évêque d'Angers, ils opéraient la séparation de l'Eglise et de l'Ecole, aujourd'hui c'est la séparation de la paroisse et de la commune, à demain la séparation de l'Eglise et de l'Etat, c'est-à-dire la ruine légale de l'Eglise. Et pour arriver à leur fin, ils veulent fausser le sens du Concordat, prétendant le garder ainsi jusqu'à la dernière heure comme une arme autorisant une nouvelle spoliation de l'Eglise. Il est urgent de les démasquer (1)1 »

Ces paroles étaient prophétiques. La dernière heure prédite est sonnée. Les spoliateurs d'eux-mêmes ont jeté le masque. Ils veulent consommer l'apostasie nationale et ruiner, en la dépouillant pour jamais, l'Eglise de France.

Il y a non seulement de la haine dans l'accomplissement de leur forfait, mais surtout de la lâcheté. Ils savent que leur victime ne se défendra pas et qu'elle mettra en pratique l'enseignement du Divin Maître : « Ne résistez pas au méchant. Si quelqu'un prétend vous citer en justice pour vous

(1) Mgr Freppel. *Œuvres polémiques.*

enlever votre tunique, abandonnez-lui encore votre manteau (1). »

C'est ce sublime désintéressement qui permet à la force de primer le droit. Mais l'injustice du procédé n'en est que plus éclatante, et tôt ou tard le droit finit par prévaloir. Il y a une justice immanente qui protège et venge, à son heure, l'opprimé.

C'est à elle qu'il faut recourir tout d'abord pour établir l'iniquité de la législation révolutionnaire.

Le décret du 2 novembre 1789, regardé comme le fondement et l'origine des prétendus droits de l'Etat sur les biens ecclésiastiques, est nul, ainsi que les décrets suivants qui en sont les corollaires, parce que les uns et les autres sont contraires au droit naturel, basé sur la loi divine. L'omnipotence de l'Etat est limitée par l'autorité de Dieu. La loi éternelle prime toutes les lois humaines.

En 1882, Mgr Freppel, s'adressant aux membres du Parlement, héritiers des spoliateurs de 1789 et de 1793, leur rappelait, avec l'indépendance d'une âme éprise de justice et de vérité, la loi sacrée formulée dans le septième commandement de Dieu : ce commandement qui gêne la conscience des voleurs. La Chambre des députés se prit à sourire : ce n'était pas un argument pour elle. Le septième commandement est une loi de Dieu, ce n'est pas

(1) *Math.*, xv, 39-40.

une loi de la République. L'expérience de chaque jour ne l'a que trop prouvé. Mgr Freppel eut alors recours au dictionnaire de l'Académie, le Code de la langue française : « S'emparer du bien d'autrui, dit-il, cela s'appelle, si je ne me trompe, un vol. C'est du moins la définition que je trouve dans le dictionnaire de l'Académie et je m'y tiens (1). » Il lui fut répondu gauchement : « Ce n'est pas la définition du Code pénal. »

Aussi bien, la loi divine comme la loi du langage sont non avenues pour ces législateurs qui voudraient effacer des lois de la conscience ce précepte naturel et divin : « Tu ne voleras pas ! »

Comment les principes premiers de la morale peuvent-ils être méconnus ainsi par des hommes que leurs fonctions magistrales devraient ranger parmi les sages d'une nation ? C'est qu'ils placent leur volonté et leur pouvoir au-dessus de toute volonté et de tout pouvoir ; ils ne reconnaissent pas de volonté primant la leur ni d'autorité supérieure à leur omnipotence. Ils feignent d'ignorer la volonté et l'autorité divine, gardienne des droits naturels et de la vraie liberté. C'est la tyrannie du socialisme d'Etat. La loi humaine que ces législateurs votent et promulguent est à leurs yeux —

---

(1) Discours de Mgr Freppel. *Officiel.* Chambre des députés, 13 mai 1882. — *Œuvres polémiques.*

l'unique base du droit. Or, comme, d'après leurs faux principes, l'Eglise ne peut posséder que de par la loi, si la loi lui enlève ce droit, ils se reconnaissent la faculté de la dépouiller : le vol devient le droit.

Ces légistes indépendants n'admettront donc pas notre premier argument, qui, au nom du droit naturel et divin, établit et prouve l'injustice et, par là même, la nullité de la loi du 2 novembre 1789.

Bien que les législateurs révolutionnaires prétendent n'être pas atteints, encore moins touchés par les motifs de bon sens et de raison, nous ne manquerons pas de les leur opposer. Nous rappellerons, malgré tout, les principes éternels qui sont le fondement de toute équité, et nous nous y attacherons pour la satisfaction de notre raison et de notre conscience.

L'Etat, en 1789, s'est emparé des biens ecclésiastiques qui ne lui appartenaient pas ; il n'avait aucun titre, aucun droit qui pût l'autoriser à mettre ces biens à la disposition de la nation ; il a pris le bien d'autrui. Il a donc tout simplement commis un vol et il est tenu à restitution.

L'Etat, il est vrai, a fait une loi pour consacrer ses propres rapines. Mais, de même que le dépositaire d'une autorité subalterne, tel qu'un préfet, par exemple, ne peut par un arrêté abroger une

loi émanée d'une autorité supérieure, entre autre
une loi du Parlement, de même une loi humaine
ne peut abroger une loi divine. Si l'arrêté du préfet
est nul de plein droit parce qu'il est contraire aux dispositions d'une loi votée par le Parlement, à plus
forte raison une loi de l'Etat en opposition avec la
loi naturelle, avec la loi de Dieu, est-elle nulle de
plein droit. Sinon, l'empire des lois deviendrait la
plus insupportable des tyrannies.

Hélas! ces actes de despotisme sont tellement
à l'ordre du jour, la spoliation a été pratiquée si
fréquemment à toutes les heures de notre histoire
nationale, qu'on ne peut, sans rougir de honte,
feuilleter nos annales. Le césarisme, sous toutes
ses formes, a piétiné les droits les plus sacrés avec
tant d'impudence qu'on voudrait pouvoir détourner la face pour ne pas constater tant d'injustices.
Il y a des âmes généreuses, blessées au vif par la
vue de tant d'iniquités, qui ont essayé vainement,
de pallier les crimes consommés. Pourquoi dissimuler le mal ? Un cœur généreux se doit à lui-
même de voir la vérité telle qu'elle se montre.

M. Horoy, dans son ouvrage sur les rapports
du sacerdoce avec l'autorité civile au point de vue
légal, semble fléchir en face de ce devoir : « Il
nous répugnerait, dit-il, de faire partie d'une nation
qui se diviserait à perpétuité en deux classes, celle

des voleurs et celle des volés. La loi, fût-elle mauvaise, n'est pas en elle-même un procédé de vol.
Les relations du sacerdoce avec l'autorité civile ne
peuvent être en France celles de volé à voleur. »
Et M. Horoy s'en prend à M. Daniel Touzaud, qui,
dans un rapport présenté, en 1881, au Congrès des
jurisconsultes catholiques de Lyon, a justement
déclaré que les biens ecclésiastiques volés en 1789
constituaient « un patrimoine odieusement confisqué ». Et voici pourquoi M. Horoy repousse l'idée
de vol : « Il nous paraît impossible, ajoute-t-il, de
voir que des obligations quelconques d'apparence
contractuelle puissent naître du vol. Or cette « mise
à la disposition de la nation » des biens ecclésiastiques a été faite « avec obligation corrélative de
pourvoir à tous les besoins spéciaux auxquels les
biens ecclésiastiques étaient affectés (1) ».

Certes, nous comprenons les répugnances naturelles et patriotiques de M. Horoy ; mais ses nobles
sentiments ne peuvent en rien modifier la nature des
faits et vraiment nous ne percevons pas la force de
l'argument auquel il se raccroche désespérément ;
nous en saisissons au contraire et avec regret toute
la faiblesse.

Si le voleur est le plus fort, s'il est de toute

(1) Horoy, *Rapports du sacerdoce avec l'autorité civile au point
de vue légal*, t. II, p. 266.

impossibilité de le contraindre à restitution, et qu'en compensation de ce qu'il a pris il promette de remplir certaines obligations, nous ne voyons pas pourquoi le propriétaire, qui a droit sur tous les biens qui lui ont été volés, n'aurait pas, à plus forte raison, — ne pouvant obtenir mieux — droit à des compensations, quelque imparfaites et incomplètes qu'elles soient. Ce n'est pas le vol qui sera le fondement de la légitimité de ces obligations contractuelles, ce sera le droit de propriété, méprisé il est vrai, mais persistant tout entier.

Aussi bien passons. Dans une société neutre, pour ne pas dire athée, la loi divine offense la liberté des consciences émancipées. On ne la connaît que pour la violer. Avançons-nous sur un terrain commun, nous pourrions dire plus commun, car, après tout, s'être placé sur le terrain du droit naturel, c'était choisir un terrain où tous les hommes de devoir et de conscience ne devraient pas manquer de se rencontrer. A qui la faute, si nos adversaires ne s'y tiennent pas et se dérobent ?

Nous allons les chercher sur leur territoire, celui des lois qu'ils ont créées et qu'ils reconnaissent comme faisant partie de leur bagage parlementaire et de l'arsenal législatif.

C'est un principe de droit positif et même de droit moderne, qu'un traité est un contrat qui engage les deux parties. Une fois signé, la conscience et l'honneur demandent qu'il soit observé, c'est-à-dire qu'il ne soit rien fait, sans un consentement mutuel des parties, rien tenté en opposition avec les clauses arrêtées et convenues. A plus forte raison résulte-t-il de la nature d'un pacte bilatéral qu'aucune loi, émanée de l'autorité d'une des parties contractantes, ne peut abroger la convention promise et signée d'un commun accord, sans le consentement de l'autre partie.

La partie intéressée et liée doit être avertie par la partie qui veut recouvrer sa liberté ; celle-ci doit s'entendre avec elle avant de rompre le pacte et obtenir son adhésion. Sinon toute décision prise, toute loi promulguée, en violation des engagements contractés, en rupture du traité, est nulle de plein droit. Or l'Etat français, en 1789, était encore uni à l'Eglise par un traité, par un contrat, par un Concordat toujours en vigueur.

« Le Concordat de 1516 gouverna l'Eglise gallicane jusqu'à la Révolution (1). »

Ce Concordat ne permettait en aucune façon à l'Etat de dépouiller l'Eglise de France de ses biens. Et non seulement ses clauses et leur mise en pratique, pendant plus de deux siècles, établissent le

____

(1) Riquier, *Concordat,*

contraire, mais, avant de rompre le pacte, il eût été de la convenance la plus élémentaire, pour ne pas employer un autre mot, d'entrer en pourparlers avec l'Eglise représentée par son Chef suprême. La simple probité imposait ce devoir.

La Constituante, l'Assemblée législative et la Convention méconnurent les droits de l'Eglise et la parole donnée; elles violèrent brutalement le contrat séculaire et, sans entendre l'Eglise, légitime propriétaire des biens ecclésiastiques, partie en cause, la dépouillèrent entièrement.

Le mépris du droit et de la légalité s'étendit plus loin encore et l'Etat fit litière de toutes les obligations légales.

« Si l'Etat exproprie les communautés religieuses et les autres corps ecclésiastiques, dit Taine, ce n'est pas lui qui peut revendiquer leurs dépouilles, n'étant pas leur héritier, et leurs immeubles, leurs meubles, leurs rentes, ayant par nature, sinon un propriétaire désigné, du moins un emploi obligé.»

Le décret du 2 novembre 1789 est donc nul de plein droit ; sont nulles également toutes les lois subséquentes qui ont été votées et promulguées pour consommer la violation des engagements pris et jurés.

Il fallait ou dénoncer le Concordat, ou signer

un nouveau Concordat, ou s'en tenir au Concordat de 1516 (1).

Bonaparte, Premier Consul, le comprit. Il demanda un nouveau Concordat.

Mais le Concordat de 1801 est lui-même une loi : nous l'avons démontré plus haut. Or, c'est un principe du droit positif, et même du droit moderne, qu'une loi peut être abrogée par une autre loi, quand c'est la même autorité qui promulgue l'une et l'autre. En vertu des mêmes pouvoirs, elle peut défaire ce qu'elle a fait.

Supposons que le décret tyrannique et spoliateur du 2 novembre 1789 et les suivants aient été réellement légitimes, tout au moins légaux : le Concordat de 1801, loi subséquente, consentie et promulguée par l'Etat, peut abroger ces décrets portés antérieurement.

Si le Concordat, nouvelle loi, est contradictoire, il les annule. Si cette abrogation est une des conditions du traité signé entre la République française, une et indivisible, et le Saint-Siège, l'annulation ne sera que plus radicale.

Que deviendra donc le droit de propriété de l'Etat sur les biens ecclésiastiques, droit qui aurait son fondement dans les décrets des différentes Assemblées de la Révolution, si le Concordat, loi de

(1) Desjardins, S. J., *le Concordat*, p. 48.

l'Etat, contredit ce droit, s'il prend des dispositions diamétralement opposées, s'il supprime et abroge l'acte législatif qui en est la base?

Or, il en est ainsi. C'est ce que nous allons nous efforcer d'établir.

La démarche même, faite par le Premier Consul auprès du Saint-Siège pour demander un Concordat qui réglât la propriété des biens ecclésiastiques en France, est à elle seule une preuve manifeste de la nullité des décrets de 1789 et autres, pour le moins un indice du peu de sécurité qu'ils inspiraient. M. Affre a très justement fait cette observation : « L'aliénation du temporel des évêchés n'a jamais été consommée en France (avant la Révolution) sans avoir obtenu préalablement le consentement du Saint-Siège. Cela s'est pratiqué à l'époque où les doctrines parlementaires étaient le plus en honneur, et c'est, sans doute, à cause de ce droit, reconnu par tous nos canonistes, que Napoléon a demandé que le Pape consentît à l'abandon des biens aliénés (1). »

Napoléon Bonaparte, représentant du gouvernement de la République française, a donc demandé au Souverain Pontife, chef de l'Eglise catholique, que les acquéreurs des biens ecclésiastiques vendus

______

(1) AFFRE, *Traité des biens ecclésiastiques*, p. 152.

par l'Etat soient reconnus propriétaires incommutables sans que Sa Sainteté ni ses successeurs puissent jamais, en aucune manière, les troubler dans leur possession.

Que signifie cette requête, sinon que les acquéreurs des biens ecclésiastiques, aliénés par la nation, ne sont propriétaires légitimes de ces biens ni aux yeux de l'Etat demandeur, ni aux yeux du Saint-Siège, reconnu justement par l'Etat comme seul capable de conférer un droit incommutable de propriété sur les biens de l'Eglise de France! On ne demande pas un droit quand on le possède : le demander c'est avouer qu'on ne l'a pas. Ou bien la démarche de l'Etat auprès du Saint-Siège est incompréhensible, parce qu'elle n'a pas de sens, ou bien elle est une reconnaissance formelle du droit de propriété, inamissible et toujours persistant de l'Eglise sur les biens confisqués et vendus, du même coup, une négation évidente du prétendu droit des acquéreurs, enfin une négation non moins évidente des droits du vendeur, c'est-à-dire de l'Etat.

Malgré la logique évidente du fait, on répond que l'Etat en s'adressant au Saint-Siège demandait par le Concordat, non la reconnaissance, mais la confirmation du droit acquis et une tranquille possession, de crainte que les acquéreurs des biens ecclésiastiques ne fussent troublés par des revendications mal fondées. Et ce serait tout.

De la part de Bonaparte le recours au Saint-Siège aurait été inspiré par un sentiment de défiance : craignant des réclamations à l'adresse de biens légitimement acquis, il aurait pris ses précautions. Il faut avouer que le procédé eût été en ce cas peu courtois et assez désobligeant pour ne pas dire impertinent. La dignité du Saint-Siège aurait-elle pu s'accommoder d'un procédé aussi blessant? Et, si le Pape avait accepté ce déni de justice et cette suspicion sans protester, n'aurait-il pas été censé confirmer par un contrat solennel l'inhabilité de l'Eglise de France à posséder?

La réalité des faits ne cadre pas avec cette théorie impudente. L'acte diplomatique engagé, par sa nature même, y contredit. Par la simple proposition d'un Concordat, le gouvernement de la République française reconnaît que l'Eglise, représentée par son chef, est la seule autorité qui puisse réformer l'injustice d'une confiscation illicite. L'Etat confesse l'illégitimité de la spoliation par le fait même qu'il s'adresse au Pape, pour constituer, au profit des acquéreurs, un droit incommutable sur les biens spoliés.

C'est comme si l'Etat disait à l'Eglise : « Nous détenons vos biens. Consentez à ne jamais les revendiquer. » L'Eglise, par la bouche de son chef, devrait répondre : « Comment penserai-je à les réclamer puisqu'une loi vous les a donnés? » L'Eglise sait bien qu'une loi existe, qui consacre la légalité des acquisitions faites par les détenteurs de ses biens. L'Etat l'ignore encore moins. Cependant il ne cherche pas à s'appuyer sur les décisions de la loi, ni à faire reconnaître par l'Eglise les décrets de 1789 : ils ne sont même pas mis en question. L'Etat, sans tenir compte de la législation révolutionnaire, dit simplement : « Nous vous demandons de ne jamais réclamer vos biens. Faites-nous cette promesse. Engagez-vous par un contrat, dont nous ferons une loi de la République. »

Les lois et décrets de 1789 ne constituent donc pas une garantie qui permette à l'Etat de défendre les biens ecclésiastiques aliénés contre les revendications de l'Eglise. Ils ne suffisent ni pour constituer ni pour maintenir le droit de propriété des acquéreurs. Il faut la parole de l'Eglise, c'est-à-dire la renonciation volontaire du véritable propriétaire. « Il a été utile, dit Portalis dans son discours sur l'organisation des cultes lu en séance du Corps législatif, il a été utile que la voix du Chef de l'Eglise pût retentir doucement dans les consciences et y apaiser des craintes et des inquiétudes que la loi n'a pas toujours le pouvoir de calmer (1). » C'était non seulement utile, mais nécessaire. L'Etat l'a reconnu : il faut un nouvel acte législatif, réparant l'injustice du premier et l'annulant, et ce nouvel acte législatif doit être consenti par les deux parties intéressées. Cet acte réparateur prouve l'illégitimité et la nullité du premier, sinon il est superflu.

L'Etat a donc proclamé, en négociant le Concordat, qu'il le veuille ou ne le veuille pas, l'illégitimité des acquisitions faites par les particuliers, du même coup l'illégitimité de la vente opérée par le domaine national ; il a avoué l'iniquité du vol légal accompli par les Assemblées révolutionnaires.

« En réclamant que Sa Sainteté et ses successeurs renoncent, uniquement pour le bien de la paix à venir, à toute revendication contre les acquéreurs des biens ecclésiastiques aliénés, on déclarait aussi nettement que possible, le droit de propriété de l'Eglise. Les plus honorables acquéreurs des biens d'Eglise doutaient si peu de ce droit qu'ils tremblaient à la pensée d'être obligés à la restitution. Et plus tard, bien plus tard, on s'en souvient dans toutes les provinces de France, les stipulations concordataires n'avaient pas encore apaisé les remords, les révoltes de ces consciences

(1) Portalis. *Discours sur l'organisation des Cultes.* Séance du Corps législatif. *15 germinal an X (5 avril 1802).*

qui ne pouvaient croire à la légitimité des ventes ordonnées par l'Etat (1). »

Il y a en effet corrélation entre les deux actes : il serait absurde de séparer l'acquéreur du vendeur dans la question du droit. Il n'y a pas de différence, au point de vue de la légitimité, entre l'un et l'autre. Si l'Etat avait le droit de vendre, les particuliers avaient le droit d'acheter. S'il est injuste d'acheter sciemment un bien volé, il est non moins injuste de vendre un bien volé. Et s'il est nécessaire de légitimer après coup l'acquisition de ce bien, il n'est pas moins nécessaire de légitimer l'acte de vente. L'Etat ne peut devenir propriétaire légitime et capable de disposer de sa propriété en la vendant, que par les mêmes moyens légitimant la propriété des acquéreurs. Or s'il demande le consentement du Saint-Siège, propriétaire, pour constituer le droit de l'acheteur et de l'acquéreur, ce consentement est tout aussi nécessaire pour établir son droit comme vendeur.

Nous voilà bien loin de la négation du droit de propriété de l'Eglise. L'Etat se reconnaît lui-même sans droit à l'égard des biens que l'Eglise possède et il vient mendier, aux pieds de la véritable propriétaire, la légitimation d'une série d'actes illicites

(1) J.-H. Castaing, *le Concordat*. *Univers*, 4 mai 1882.

par lesquels elle a été injustement et illégalement
dépouillée.

Notre conclusion sera donc, avec un grand jurisconsulte, M. Lucien Brun, celle du bon sens et
du droit. « La disposition — de l'article 13 du
Concordat — demandée par les plénipotentiaires
français, est la reconnaissance la plus formelle des
droits de l'Eglise sur les biens aliénés et de la nullité des aliénations. »

L'article 12, « c'est le rétablissement de la propriété des églises dans l'ancien état ».

Par ces deux articles du Concordat, « le gouvernement français a reconnu que les biens mis en
1789 à la disposition de la nation étaient la propriété des établissements religieux et que la prise
de possession par l'Etat, sans le consentement
de l'Eglise, avait été un fait violent, dont l'illégitimité entraînait la nullité des aliénations (1) ».

Aussi bien oser affirmer que l'Eglise de France
« ne peut plus redevenir propriétaire après la loi
de 1789 » et après le Concordat, c'est s'aveugler
volontairement sur le sens même de ces différentes
lois, ou bien c'est ne rien entendre à la justice et à
l'interprétation des lois. Ni l'une ni l'autre n'a
prononcé d'incapacité.

(1) Lucien Brun, *Dix ans de l'histoire du droit.* 2e conférence.
Revue catholique des Institutions et du Droit.

Après la loi de 1789, qui la dépouillait des biens qu'elle avait en main, il restait encore à l'Eglise spoliée le droit légal d'acquérir de nouveaux biens. Lui enlever les biens déjà acquis ce n'était pas nécessairement la déclarer incapable d'en acquérir et d'en posséder de nouveaux. Où a-t-on vu dans l'arsenal des lois révolutionnaires une disposition semblable? La Révolution se serait bien gardée de prononcer cette incapacité. Elle se serait interdit à tout jamais la possibilité d'une nouvelle spoliation : expédient profitable au trésor public.

Non, elle n'a pas engagé l'avenir et légalement l'Eglise, après avoir tout perdu, restait capable d'acquérir et de reconstituer sa propriété.

Le Concordat, loin de porter atteinte à ce droit, le reconnaîtra d'une façon on ne peut plus explicite comme nous le montrerons, sans qu'il puisse rester l'ombre d'un doute.

Toutefois nos adversaires ne se considèrent pas comme battus. Ils se retranchent toujours derrière le décret du 2 novembre 1789 et les autres lois promulguées pendant la Révolution sur les affaires ecclésiastiques; ils soutiennent que toute cette législation est encore en vigueur, par ce qu'elle n'a pas été rapportée. Le Concordat ne dit pas explicitement que ces lois sont abrogées. Ces lois sont donc encore, à l'heure présente, lois de la République française. Bien qu'elles soient en contradiction avec les articles du Concordat, n'ayant pas été nommément annulées, elles font toujours partie du Code de la législation française.

Suivant cette prétention, la loi sur la constitution civile du clergé, entre autres, serait encore loi de l'Etat, et le Concordat, qui ne l'a pas nommément abrogée, le Concordat, signé en vue d'éteindre le schisme que cette loi a créé, aurait échoué dans le but principal qu'il voulait atteindre? Absurdité et mauvaise foi! Bien que le Concordat ne dise pas expressément que la loi sur la constitution civile du clergé est abolie, personne ne peut penser honnêtement et logiquement qu'elle soit encore à l'heure présente légalement obligatoire. Elle est effacée du code de nos lois par la seule signature du Concordat, et avec elle toutes les autres lois révolutionnaires sur les affaires ecclésiastiques.

Le Concordat a inauguré une nouvelle ère législative au point de vue religieux. Lui seul devient la base des droits réciproques de l'Eglise et de l'Etat. Le passé, grâce à la générosité de l'Eglise, est dans la nuit de l'oubli.

CHAPITRE V

Les clauses du Concordat prouvent que l'Eglise a
renoncé à tout droit de propriété sur les biens aliénés et probablement sur les biens non aliénés, mais
non nécessaires au culte.

Il faut donc recourir au Concordat pour connaî-
tre la situation légale de la propriété ecclésiastique
en France, puisque la loi de novembre 1789 et les
décrets qui la complètent ne peuvent être le point
de départ et le fondement des prétentions de l'Etat.
La législation révolutionnaire, nulle de droit, a été
abrogée de fait par la loi concordataire. Seule, à
partir de sa promulgation, celle-ci fait loi dans l'espèce.

Consultons-la, pesons avec soin la valeur de chacun de ses termes, examinons la portée de ses dispositions, afin de savoir dans quelles limites le
Saint-Siège et le gouvernement de la République
française se sont fait des concessions réciproques
au point de vue de la propriété des biens ecclésiastiques en France.

Nous apprendrons, par cette étude, que le Concordat reconnaît formellement à l'Eglise de France, légalement représentée, le droit légal de posséder, le droit de propriété.

Je lis les quatre articles concordataires réglant la question des biens ecclésiastiques, et je distingue cinq espèces de biens énoncés ou indiqués dans le texte lui-même :

1° *Les biens ecclésiastiques déjà aliénés* (art. 13);

2° *Les traitements* (art. 14);

3° *Les biens non aliénés, mais non nécessaires au culte* (art. 12 et 13);

4° *Les fondations* (art. 15);

5° *Les biens ecclésiastiques non aliénés et nécessaires au culte* (art. 12).

Notre travail est désormais très simple, il a un objet parfaitement net : il consiste à rechercher à qui reviennent, d'après la loi concordataire, ces biens de natures différentes.

Si l'Eglise catholique en France, reconnue par l'Etat sous une forme ou sous une autre, conserve ou reçoit quelques-uns de ces biens, nous aurons le droit de conclure que, dans les limites indiquées par les clauses du Concordat et par le droit public, elle est légalement capable de posséder, capable de propriété.

Et d'abord : 1° *Les biens aliénés au moment du Concordat.*

Quels sont les propriétaires de ces biens? Sur ce point il n'y a pas de doute ni de discussion possible : il ne peut y avoir de controverse. L'Eglise catholique a abandonné généreusement tous ses droits aux acquéreurs et elle s'est engagée à ne jamais les inquiéter dans leur possession. Elle l'a fait avec un désintéressement qui a excité l'admiration du monde. Elle l'a fait, comme le dit l'article 13 du Concordat, pour le bien de la paix et l'heureux rétablissement de la religion catholique en France. Elle a acheté, par le sacrifice de ces richesses temporelles, le retour de la fille aînée de l'Eglise à la foi des anciens jours. « La paix de la France, s'écria Pie VII, vaut mieux que deux milliards de biens. »

Et le Souverain Pontife, en accomplissant cet acte d'un glorieux désintéressement, était d'accord avec l'épiscopat français qui, au moment où la Révolution parlait de le dépouiller, proposait des secours et disait, par la bouche de l'un de ses membres, Mgr de Balore : « Les sacrifices offerts à la nation seront pour nous la plus douce jouissance. »

2° *Les traitements.*

Mais, tout en se dépouillant de ses propres biens, l'Eglise, qui est sage, ne pouvait se réduire à la dernière misère. Il est beau de se dévouer et de se sacrifier, mais encore faut-il que le dévouement et le sacrifice soient conformes à la vraie sagesse. L'Eglise abandonnait des biens nécessaires à son existence, parce qu'elle comprenait l'urgence d'une semblable immolation ; elle ne pouvait cependant raisonnablement condamner ses ministres à mourir de faim. Aussi Sa Sainteté, tout en déclarant « que ni elle, ni ses successeurs ne troubleraient en aucune manière les acquéreurs des biens ecclésiastiques aliénés », stipule, en revanche, dans l'article suivant du Concordat, que « le gouvernement assurera un traitement convenable aux évêques et aux curés (1) ».

C'est une compensation nécessaire et obligatoire, c'est à la fois une indemnité et une créance.

C'est ainsi que le droit de l'Eglise à un traitement convenable des évêques et des curés fut reconnu.

Le Concordat était d'accord, par son article 14, avec la Convention elle-même. Celle-ci dans la loi du 24 août 1793, article 24, avait décrété que « la République pourvoirait aux frais du culte », renouvelant la déclaration de l'Assemblée nationale, qui, le 13 avril 1790, avait décidé que le culte « serait mis par elle à la première place des dépenses publiques ».

« Entendez-le bien, s'écrie Mgr Freppel, à la première place, c'est-à-dire avant les dépenses de

(1) Article 14 du Concordat.

la guerre, de la marine et de l'instruction publique (1) .»

L'Eglise de France, représentée aux yeux des légistes par les titulaires ecclésiastiques, devient créancière et par là même rentière de l'Etat. « Si ce n'est pas là de la part de l'Etat, dit encore l'évêque d'Angers, un engagement dans le sens le plus strict et le plus rigoureux du mot, je ne sais plus ce que les mots veulent dire. Par suite de cet engagement, le dilemme suivant n'a cessé de se poser devant l'histoire, comme il se pose devant l'éternelle morale et l'éternelle justice : ou rendez les biens, ou remplissez vos charges (2). »

Une valeur de plus de deux milliards est concédée, mais l'Etat devra toujours au propriétaire légitime, qui en a fait l'abandon, les rentes de ce capital. Par une transmutation de droits l'Etat devient propriétaire du fruit de la vente des biens ecclésiastiques aliénés par la Révolution, mais il reste le débiteur de l'Eglise.

Pour échapper à cette conclusion rigoureuse, les légistes révolutionnaires inventent des théories fort spécieuses. « Le culte est un service public, disent-ils, et il est rétribué comme tout service public :

(1) Mgr Freppel. *Officiel*. Séance de la Chambre des députés, *29 janvier 1887*.
(2) Mgr Freppel. *Officiel*. Séance de la Chambre des députés, *29 janvier 1887*.

les traitements accordés aux ministres du culte n'ont pas d'autre raison d'être. L'Etat peut donc les supprimer, à son gré, sans violer aucun droit. »

Malheureusement pour eux et pour le triomphe de la mauvaise cause qu'ils soutiennent, ces légistes ne sont pas d'accord avec leurs principes, c'est-à-dire avec les lois de la Révolution. Les déclarations de la constitution de 1791 et de l'Assemblée législative ne cadrent pas avec leurs affirmations. Le décret du 2 novembre 1789, par sa nature, est lui-même en contradiction avec cette interprétation fantaisiste. Bien qu'il soit injuste, contraire à tout droit, le décret de 1789 n'est pas un acte de pure confiscation, « une razzia à main armée ». Il serait absurde de le soutenir, de l'affirmer, si l'on a pris connaissance de la relation des débats qui l'ont précédé, si l'on se met en présence du texte du décret lui-même et des décrets et lois qui ont été portés plus tard en vue d'en appliquer les dispositions.

Non, il n'y a pas eu confiscation pure et simple, ni acte brutal sans compensation, mais une expropriation imprudente, inutile, illégale et injuste, entraînant, malgré tout, une indemnité dont la légitimité fut reconnue.

C'est un concert unanime. Portalis s'exprime ainsi, dans son rapport sur le Concordat, autre-

ment dit dans son discours sur l'organisation des
cultes : « Il fallait pourvoir à la dotation d'un culte
qui n'aurait pu subsister sans ministres. » Il rappelle que le clergé catholique a été dépouillé de
grands biens. Il ne dit pas que la dotation nécessaire
est en compensation. Il esquive la question. Mais
il y a corrélation de cause à effet, et il se raccroche
au droit naturel qui réclame en faveur de ces ministres un secours convenable pour assurer leur sub-
sistance.

Il ne dit pas formellement qu'au droit naturel
vient s'ajouter un droit authentique, mais il le laisse
entendre, et un pharisien seul, s'en tenant à la lettre,
pourrait le nier.

L'arrêt consulaire du 18 nivôse an XI (8 janvier
1803), la Charte de 1814 (art. 7), celle de 1830 (art. 6),
la Constitution du 4 novembre 1848 (art. 7), la
jurisprudence de la Cour de cassation, du Conseil
d'Etat répondent aux clameurs de ceux qui voudraient faire des ministres du culte, en vertu de
leurs traitements, des fonctionnaires remplissant
un service public.

En somme, l'article 14 du Concordat ne consti-
tuait pas un droit nouveau au traitement. Comme
le fait remarquer très exactement un publiciste catholique, « ce n'est pas au Concordat que le clergé
de France est redevable de son maigre traitement...

Le Concordat ne faisait que renouveler cette décision prise, le 2 novembre 1789, par l'Assemblée nationale : « Tous les biens ecclésiastiques sont mis à la disposition de la nation, à la charge de pourvoir d'une manière convenable aux frais du culte, à l'entretien de ses ministres. » Si bien que « la dénonciation du Concordat n'entraînerait pas la suppression du budget des cultes. L'Etat français resterait toujours débiteur de l'Eglise (1) ».

Aussi il importe de maintenir au décret spoliateur du 2 novembre 1789 son caractère complet. Il prenait d'une main et rendait de l'autre. Il était nul en droit, il a été abrogé par le Concordat, mais le gouvernement de la France venant à dénoncer le Concordat, légalement l'Eglise de France aurait le droit de recourir à ses dispositions pour appuyer des revendications légitimes.

Aussi bien le Concordat a été signé, et tel qu'il a été discuté et arrêté il ne permet aucun doute sur les droits de l'Eglise à une indemnité pour les biens dont elle a été dépouillée.

Il eût été alors si facile au Premier Consul, ou aux négociateurs qu'il avait accrédités, de nier les droits de l'Eglise en refusant toute compensation, toute indemnité. Au lieu de les contester, le Concordat les consacre en reconnaissant solennellement

(1) Castaing, *le Concordat. Univers, 4 mai 1887.*

la dette déjà inscrite au Grand-Livre, en vertu du décret du 24 août 1793, sous cette rubrique : « La République pourvoira aux frais du culte à compter du 1er janvier 1794 (1). »

Le budget du culte est donc une question de propriété. Aussi la suppression de ce budget serait une simple banqueroute.

Pour établir le caractère d'indemnité des traitements promis par l'Etat, il suffit de reconnaître qu'il y a corrélation entre l'article 13 du Concordat et l'article 14.

Et comment nier cette corrélation évidente? Par le premier de ces articles l'Eglise renonce à une partie de ses biens, en échange l'article suivant lui promet naturellement et logiquement, pour ses ministres, un traitement convenable ; c'est la légitimation du décret de 1789 qui disait : « Les biens ecclésiastiques sont à la disposition de la nation à la charge de pourvoir d'une manière convenable aux frais du culte, à l'entretien des ministres du culte. » A la charge! Ici la corrélation est explicitement indiquée. Les négociateurs du Concordat, il est vrai, ont dédoublé le décret de 1789 pour en faire deux articles distincts; mais les motifs n'ayant pas changé, les termes eux-mêmes étant semblables, nous avons le droit de conclure à une corrélation

(1) Décret du *24 août 1793.*

nécessaire que réclament et l'origine historique de ces articles et la logique des faits.

C'est ce que déclare avec nous M. Lucien Brun et nous empruntons bien volontiers ses conclusions: « L'engagement pris par le gouvernement français d'assurer un traitement convenable au clergé est le prix de la ratification accordée par le Pape, qui a couvert la nullité des aliénations des biens ecclésiastiques. Le dernier mot, enfin, c'est que le budget des cultes n'est que le paiement d'une dette... Cette dette on ne pourrait la méconnaître sans forfaire à la parole, à l'honneur de la France (1). »

Bien plus, avec un savant jurisconsulte, il faut remarquer que cette dette a une base plus solide que ce qu'on appelle vulgairement la dette de l'Etat; la créance de l'Eglise est mieux garantie encore que les créances des simples particuliers qui ont placé leur fortune sur le trésor. La dette de l'Etat envers ses créanciers ordinaires a pour garantie une loi, tandis que la dette qu'il a contractée envers le clergé repose en même temps sur les lois, sur un contrat et sur un traité (2).

Les adversaires des droits de l'Eglise apportent un curieux argument pour nier le caractère d'in-

(1) Lucien Brun, *Dix ans de l'histoire du droit. Revue catholique des Institutions et du Droit. Juin 1887.*
(2) Aug. Auclair, *les Revendications populaires en Belgique.*

demnité qu'ont les traitements des ministres du culte. « La conséquence de la propriété ecclésiastique, disent-ils, c'est que la nation, en 1789, aurait été forcée de garantir au clergé un revenu au moins égal à celui du capital dont elle s'emparait (1). » Elle ne l'a pas fait, ni après la spoliation, ni après le Concordat. Au contraire, les traitements ont été bien inférieurs aux intérêts de la dette prétendue, donc les traitements ne peuvent pas avoir un caractère d'indemnité.

On ne peut pas être plus naïf en raisonnant ainsi! C'est faire ressortir simplement une iniquité de plus à la charge de l'Etat, qui a entendu à sa manière et sans générosité le qualificatif « convenable » accolé au mot « traitement ». L'Eglise avec son grand cœur a mis généreusement sa confiance là où nous savons qu'elle fut toujours mal placée. L'Etat moderne ne la traitera jamais en amie.

Et si les légistes césariens tiennent tant à ce que les traitements du clergé ne soient pas considérés comme une obligation, une indemnité, c'est qu'ils veulent pouvoir qualifier du titre de fonctionnaires les ministres du culte. Concéder qu'ils ont cette qualité est un acheminement vers la confiscation définitive. Si le prêtre est un fonctionnaire, son

(1) M. Pichon. *Officiel.* Chambre des députés. Séance du *29 janvier 1887.*

traitement peut lui être retiré, pour une cause ou pour une autre, sous quelque prétexte que ce soit, et même par suite de retrait d'emploi. Le but visé est de garder les biens et, en niant la dette, de se débarrasser des charges. Ce sont là, dit M. Coquille avec courtoisie, car le mot est faible, « fourberies de légistes ».

Honnêtement il n'y a pas d'autre sens à donner aux articles 13 et 14 du Concordat, qui déterminent sous quelle forme l'Etat doit restituer les biens dont il s'est emparé. Et comprendre ainsi l'accord intervenu entre le Saint-Siège, c'est prendre parti pour la loi contre ceux qui veulent en dénaturer la portée et le sens, et c'est du même coup fermer la bouche aux légistes ingrats qui, malgré le sens naturel et historique de la loi, veulent voir dans les prêtres de l'Eglise catholique des fonctionnaires salariés. Non, les ministres du culte catholique ne sont pas en France des fonctionnaires salariés : ils reçoivent, sous le nom impropre de traitement, une indemnité considérée comme tenant lieu des revenus des biens, qui étaient la propriété de l'Eglise, et qu'elle a libéralement cédés. « Le traitement des ministres du culte fait partie de la dette nationale, » est-il dit au titre V de la Constitution de 1791 (1).

(1) Constitution de 1791. *Titre V*, art. 2.

L'Assemblée législative reconnaît donc la dette ; toute dette suppose une créance et toute créance un droit. Le Concordat, d'accord avec l'Assemblée législative, reconnaît ce droit à l'Eglise : il ressemble fort, à s'y méprendre, au droit de propriété.

L'Assemblée législative se déclara débitrice dans des circonstances qui ont leur éloquence. Elle venait de décréter que « les biens de tous les Français seront à la disposition du pouvoir exécutif » ; elle ajouta, dans le même decret du 14 septembre 1792, « qu'à compter du 1ᵉʳ janvier 1793 les citoyens dans chaque municipalité ou paroisse aviseront eux-mêmes aux moyens de pourvoir à toutes les dépenses du culte auquel ils sont attachés » et elle fait une exception pour le traitement des ministres du culte catholique (1). Pourquoi? Par ce qu'elle est en présence d'un droit qu'elle n'ose violer. Impossible de dire d'une façon plus explicite qu'elle est liée, sur ce point, par un devoir de justice.

La Convention elle-même n'ose pas protester cette créance et, dans le décret du 27 juin 1793, elle déclare que « le traitement des ecclésiastiques fait partie de la dette publique (2) ».

C'est là une nouvelle preuve de la nécessité juri-

(1) Décret de l'Assemblée législative du *14 septembre 1792*.
(2) Décret de la Convention du *27 juin 1793*.

dique du Concordat et du sens qu'il faut donner à ce contrat légal.

Passons aux autres biens.

3° *Les biens non aliénés, mais non nécessaires au culte* (art. 12 et 13).

En vertu du Concordat, à qui appartiennent ces biens?

Il y a controverse : nous allons en rendre compte.

Les uns disent que ces biens non aliénés, mais non nécessaires au culte, étaient et sont demeurés la propriété de l'Etat; les autres affirment qu'ils sont la propriété de l'Eglise.

Ils seraient à l'Etat, parce que le Concordat ne dit rien d'explicite au sujet de la propriété de ces biens; parce que le Concordat n'exige de l'Etat, pour les biens non aliénés, que la remise de ceux qui sont nécessaires au culte; parce que le Saint-Siège a renoncé lui-même à la propriété de ces biens; parce qu'on sait historiquement que la remise obligée des biens ecclésiastiques non aliénés, en dehors de ceux qui étaient nécessaires au culte, fut effacée du texte du Concordat après de longs débats contradictoires. Enfin, de fait, l'Etat, prétendent les mêmes légistes, n'a jamais rendu ces biens, qui n'ont jamais été réclamés. En un mot, toujours au dire des partisans de la propriété de l'Etat, l'arti-

cle 13 du Concordat n'est que la reconnaissance
d'un fait accompli, une cession complète des droits
qui auraient pu subsister, c'est-à-dire l'attribution
à l'Etat des biens anciennement ecclésiastiques, de
tous, sans distinction aucune.

Les adversaires de cette doctrine, si favorable
aux prétentions césariennes de l'Etat, répondent
que le Concordat est suffisamment explicite sur ce
point : l'article 13 ne reconnaît formellement le
droit de propriété aux acquéreurs que sur les biens
déjà aliénés. La conséquence de cette disposition
est rigoureuse. L'Eglise n'ayant fait l'abandon de
ses droits que sur les biens aliénés, les biens non
aliénés demeurent en l'état où ils sont; donc ils
doivent faire retour au véritable propriétaire, qui
n'a pas cessé d'avoir droit sur eux, et ce propriétaire c'est l'Eglise.

Le Saint-Siège ne s'est engagé à ne troubler, en
aucune manière, les acquéreurs des biens ecclésiastiques, que dans certaines limites tracées par
le Concordat lui-même. Hors de ces limites on ne
voit pas qu'il se soit interdit de réclamer ce qui est
sien, dans la mesure de ses droits. Il ne s'est engagé
qu'à ne pas revendiquer les biens aliénés : il peut
donc exiger la restitution de tous les biens non
aliénés. Il en a le droit. N'en est-il pas le propriétaire légitime ?

Il y a corrélation réelle entre l'article 12, qui fait remettre à la disposition des évêques toutes les églises non aliénées et nécessaires au culte, et l'article 13, par lequel le Saint-Siège renonce à ses droits sur les biens aliénés. L'Eglise sanctionne l'aliénation des biens ecclésiastiques, mais cette sanction s'arrête aux aliénations déjà faites. Ainsi il y a vraiment restriction, et de cette restriction, rapprochée de la remise des édifices religieux stipulée dans l'article précédent, il faut conclure que la propriété des biens, non vendus au moment du Concordat, n'est pas abandonnée, mais revendiquée par l'Eglise.

Les défenseurs des droits de l'Eglise font remarquer que le texte de l'article 12 du Concordat dit : « Toutes les églises métropolitaines, cathédrales, paroissiales et *autres*, non aliénées, nécessaires au culte, seront remises à la disposition des évêques. » Que signifient ces mots : *et autres* ? Il n'y a de nécessaire que les églises métropolitaines, cathédrales et paroissiales. Faut-il donc admettre une contradiction dans le texte : les mots *autres* et *nécessaires* jurant ensemble ? Ce n'est pas possible. Il n'est pas vraisemblable qu'il y ait contradiction, étant donnée l'importance reconnue et la concision voulue du document. Or, on ne peut échapper à une contradiction qu'en donnant au premier terme de

l'article 12, au mot *toutes* une acception générale :
« *Toutes* les églises non aliénées, toutes sans
exception, les églises métropolitaines, cathédrales,
paroissiales, nécessaires au culte, et les autres,
seront remises à la disposition des évêques. »

Les esprits de bonne foi devront convenir, malgré ce que cela peut avoir de surprenant, que le
texte de l'article 12, en apparence si précis, est
obscur, qu'il prête à chicane, et qu'à moins
d'admettre qu'il est contradictoire, il n'y a pas
d'autre interprétation possible que celle qui lui
donne le sens d'une remise générale à l'Église,
sans exception, de tous les biens ecclésiastiques
non aliénés.

L'article 12 suffirait, de ce chef, pour établir que
le Concordat a constitué le droit de propriété de
l'Église sur tous les biens ecclésiastiques non aliénés, et il serait inutile de recourir à la corrélation
des articles 12 et 13 pour établir ce droit.

Il n'est pas indifférent de s'appuyer sur l'une et
l'autre argumentation, car les adversaires des droits
de l'Église nient la corrélation.

« Ces deux articles, disent-ils, appartiennent à
deux ordres d'idées différents. L'article 12 est la
suite et la conséquence de ceux qui le précèdent,
il en est le complément nécessaire, car bien évidemment il aurait été inutile au rétablissement du

culte de replacer les évêques sur leurs sièges, si on ne leur avait assuré en même temps l'usage des édifices indispensables à l'exercice du culte.

« L'article 13, au contraire, pose un principe absolu : il donne la sanction religieuse à l'aliénation des biens ecclésiastiques.

« On voudrait établir que cette sanction n'est donnée qu'aux aliénations déjà faites et conclure de cette restriction, rapprochée de la remise des édifices religieux, stipulée dans l'article précédent, que la propriété de l'Etat a été abandonnée relativement aux biens non vendus à cette époque.

« L'article 13 doit être isolé de l'article 12. Il ne dit rien de semblable. C'est par induction qu'on peut lui donner cette portée. Une disposition légale aussi générale, aussi importante, aussi explicite que celle de la loi de 1789, peut-elle être considérée comme abrogée ou modifiée par induction, et encore par une induction tirée d'un traité conclu dans un but général avec un Souverain étranger ?

« Ce n'est pas une Chambre française qui adoptera jamais une pareille doctrine.

« Cette Chambre ne verra dans l'article 13 que ce qui y est réellement, la reconnaissance d'un fait accompli et d'un droit acquis, c'est-à-dire l'attribution à l'Etat des biens anciennement ecclésiastiques et du droit qui en résultait pour l'Etat de disposer de ses biens (1). »

Comme nous l'avons vu, nous n'aurions pas besoin de la corrélation des articles 12 et 13, rejetée avec tant de mauvaise foi, sans raison, contre tout bon sens. Nous renvoyons nos adversaires à l'article 12 pur et simple, qui remet à l'Eglise tous les édifices non aliénés, et nous nous en tenons là.

Mais il ne serait pas sage de laisser passer, sans y répondre, l'argument plus que naïf que certains légistes opposent, en s'appuyant sur la prétendue déloyauté de l'Etat qui n'aurait pas exécuté les clauses du Concordat. L'Etat n'a pas rendu les biens non vendus, disent-ils, et du fait ils concluent au droit. S'il en était ainsi, l'injustice ne serait pas moins criante. Quelle mauvaise logique, par trop favorable aux entreprises des consciences trop larges, pour ne pas dire viciées ! Le détenteur illégitime d'un bien, malgré ses promesses et le droit du propriétaire, n'a pas restitué ce bien et sa mauvaise foi lui constituerait un titre ? Vraiment il serait trop facile, d'après ces principes, de s'enrichir aux dépens de son prochain !

La vérité est que ces amis trop complaisants de l'Etat le calomnient dans une certaine mesure. De

(1) Rapport du baron Fréteau de Pény à la *Chambre des Pairs*, *15 mai 1837*.

fait l'Etat a rendu plus tard une partie des biens non aliénés, comme le prouve le décret du 3o mai 1806, ainsi conçu : « *Les églises et presbytères, qui, par suite de l'organisation ecclésiastique seront supprimés, font partie des biens restitués aux fabriques* (1). »

Si l'Etat a *restitué* une partie des biens non aliénés et non nécessaires au culte, il s'en reconnaissait donc le détenteur illégitime. Quant au reste, il a usé du droit du plus fort. Et, si l'Eglise n'a pas réclamé, c'est par pure charité, pour ne pas remettre en question les autres clauses du Concordat. D'ailleurs, il est plus exact de dire qu'elle a fait valoir ses droits et que l'Etat, dans sa brutalité, n'a pas voulu entendre ses réclamations ni écouter sa voix.

Tels sont les arguments invoqués pour infirmer et repousser les prétentions de l'Etat.

Où est le droit? Il est clair : il est du côté de l'Eglise, bien que, il faut l'avouer, le texte du Concordat ne soit pas suffisamment explicite. Pour l'interpréter en faveur de l'Eglise, il semble utile de recourir, comme nous l'avons fait, à des inductions. Le texte paraissant se taire, s'il y avait une interprétation à donner de ce silence apparent, elle devrait être telle qu'elle penchât du côté de l'Eglise.

(1) Décret du *3o mai 1806.*

Car le Concordat peut être considéré comme un contrat passé en faveur d'une mineure, dont les intérêts doivent être pris de préférence en considération, et cette mineure c'est l'Eglise dépouillée, ensanglantée ! Mais les questions de sentiment n'ont aucune valeur en droit. Et les inductions, en matière de législation, outre qu'elles peuvent être contestées avec quelque semblant de légitimité, constituent une preuve qui ne sera admise que par une parfaite bonne foi. Ce n'est pas le cas.

Au silence du texte, vient s'ajouter celui du Saint-Siège. Il n'a pas insisté sur la remise des biens non vendus et non nécessaires au culte, gardant en cela une ligne de conduite, tracée par le plus pur désintéressement et toujours fidèlement suivie dans les négociations épineuses qui ont précédé la signature du Concordat.

« Au milieu de ces déclarations réciproques de satisfaction, dit le cardinal Consalvi, dans la pensée que la conclusion du traité assurerait le rétablissement de la religion en France et la bonne harmonie entre son gouvernement et le Saint-Siège je crus devoir faire observer que, dans tout le cours de cette épineuse négociation, ni à Rome ni à Paris, ni avant ni après ma venue, l'Eglise romaine n'avait jamais prononcé une parole en faveur de ses intérêts temporels; que la vue seule du bien de la religion avait porté le Saint-Père à entreprendre et à terminer le Concordat sans y mêler aucune vue personnelle, quoique le Saint-Siège eût éprouvé de très grandes pertes par suite de la Révolution et qu'il eût tant de motifs de parler... Sa Sainteté, a voulu, c'est ainsi que je m'exprimai, prouver à la France et au monde qu'on calomnie le Saint-Siège lorsqu'on le dit mû par des motifs temporels. Elle a désiré aussi mettre les concessions et les sacrifices faits dans le Concordat à l'abri de l'accusation des méchants. Les méchants, en effet, auraient pu dire que ce n'est pas le bien spirituel, mais les avantages temporels qui ont déterminé ce traité de paix religieuse, si on voyait qu'à l'occasion du Concordat l'Eglise eût retiré quelque compensation ou quelque territoire (1). »

Cependant, le silence de Rome ne légitime aucune usurpation et ne prouve pas qu'elle ait renoncé à ses légitimes revendications (2). Il est bien d'autres droits sur lesquels le Saint-Siège a cru prudent de se taire, sans néanmoins y renoncer.

Dans le cas présent, ce qui doit rendre encore plus circonspect, c'est la connaissance de l'histoire des pourparlers qui ont précédé la signature du

(1) Mémoires du cardinal Consalvi, t. II, p. 387.
(2) Desjardins, S.J., *le Concordat*, pp. 118 et 122.

Concordat. Nous savons, en effet, que la première rédaction du traité portait que l'Etat rendrait tous les biens non aliénés, même ceux qui n'étaient pas nécessaires au culte. Or, cette clause explicite fut effacée. C'était une concession : elle fut regardée par la Congrégation des cardinaux, chargée d'examiner le texte du Concordat, comme la perte assurée des biens non aliénés et non nécessaires au culte.

Le fait est rapporté dans les Mémoires du cardinal Consalvi. Le document est trop important dans la question pour qu'il soit possible de le passer sous silence.

« On distribua donc à chaque cardinal le Concordat et les documents nécessaires, dit Consalvi, négociateur de toute l'affaire. Il n'y eut vraiment que deux articles qui furent un objet de discussion. C'était premièrement... — (Je passe ce point qui est en dehors.) — Secondement, l'article qui regardait la promesse de l'Eglise de ne pas réclamer les biens du clergé pris dans la Révolution, dans lequel on avait supprimé, à Paris, la restriction aux seuls biens vendus, comme cela se trouvait dans l'exemplaire du projet déjà rejeté par le gouvernement français. Quant à ce second article des biens vendus et non vendus, il n'y eut pas d'opposition dans les votes. Tous opinèrent que la substance restait la même, c'est-à-dire la concession, ou, plus exactement, la non-réclamation par l'Eglise de ses biens, quoique, dans l'article, arrangé à Paris, on en perdît une plus grande partie. Tous convinrent que, quelque désirable qu'il fût de voir l'Eglise rentrer dans une fraction de ses biens, celle qui n'était pas vendue, néanmoins, comme on ne pouvait y parvenir, il ne fallait pas rompre le traité pour ce motif, parce qu'on fournirait une arme à la calomnie contre le Saint-Siège ; qu'on donnerait lieu de proclamer que des motifs d'intérêt avaient prévalu sur ce grand bien spirituel du rétablissement de la religion ; que c'était là le prix des sacrifices faits dans le Concordat, comme si l'Eglise était plus pressée de récupérer une portion de ses biens que de procurer le salut des âmes... Cet article fut approuvé par vote unanime (1). »

La pensée de l'Eglise, représentée par le Sénat des cardinaux, est donc bien claire. Elle ne concéda pas les biens non vendus et non nécessaires au culte, mais elle ne les réclama pas. Elle en fit le sacrifice par force, sans renoncer à ses droits, mettant au premier rang et au-dessus de tout, non son intérêt matériel, mais le salut des âmes.

Un second document jette un jour encore plus

(1) Mémoires de Consalvi, t. II, p. 399.

complet sur les intentions du Saint-Siège. C'est un bref de Pie VII, daté du 20 octobre 1821.

Un évêque français avait demandé au Souverain Pontife s'il fallait exiger, en conscience, la restitution des biens non aliénés au moment du Concordat et vendus depuis par l'Etat, Le Pape répondit : « Il a été déclaré plus d'une fois... que les acquéreurs de ces biens peuvent les garder comme leur étant propres et transférés avec tout droit et jouissance et disposer d'eux en toute liberté (1). »

Il est à remarquer que, dans ce bref, le Saint-Siège ne dit pas que les biens détenus par l'Etat, et vendus après le Concordat, fussent la propriété de l'Etat, mais il n'en renonce pas moins à toute revendication : préférant tranquilliser la conscience des nouveaux acquéreurs plutôt que de susciter d'inutiles débats.

Le titre de propriété de ces acquéreurs ne vient pas de l'achat qu'ils ont fait de ces biens à l'Etat, mais de la renonciation irrévocable du véritable propriétaire. C'est l'Etat, après tout, qui a bénéficié

(1) *Bref de Pie VII à un évêque français, 20 octobre 1821.* — « Perlatæ ad nos fuerunt litteræ tuæ, quibus de bonis ecclesiasticis « quærebas, quæ post Conventionem anno 1801 sancitam, sunt a « gubernio divendita, atque an possint jure legitimo comparari, in « dubitationem refers isthic a nonnullis deduci... Ad omnem certe « dubitationem, tollunt nostra, quæ pluribus de eo argumento con- « sultationibus dedimus responsa. Declaratum enim fuit haud semel, « ut ex iis bonis quæ a gubernio, quod tunc, dominabatur, occu-

de la générosité de l'Eglise, puisqu'il a encaissé les profits de la vente. Il reste, une fois de plus, le débiteur de l'Eglise.

« pata fuerunt ante memoratam Conventionem, atque post eam sint
« vendita, ad legum præscripta quæ per id temporis obtinuerunt,
« possint emptores eadem, tanquam propria, et in suum jus ac
« potestatem translata retinere, ac de his libere disponere. »

CHAPITRE VI

Les clauses du Concordat prouvent que l'Eglise a le droit légal de recevoir des fondations de toute nature : rentes ou immeubles, etc.

L'article 15 du Concordat énonce une autre espèce de biens, biens à venir, dont l'indétermination donne au droit de propriété, reconnu à l'Eglise par le Concordat, une extension presque illimitée, du moins quant à la nature des biens qu'elle pourra posséder.

L'article 15 dit en effet: « Le gouvernement pren_dra également des mesures pour que les catholiques français puissent, s'ils le veulent, faire en faveur des églises des fondations (1). »

Rien n'est spécifié sur la nature de ces fondations. Elles peuvent donc consister en capitaux; rentes, biens, meubles ou immeubles; en un mot, en biens de toutes sortes, capables de constituer une fondation.

On ne peut lire cet article sans s'étonner de l'im-

(1) *Article 15* du Concordat.

pudence de certains légistes. Comment ont-ils osé soutenir que, depuis 89, même après le Concordat, l'Eglise ne pouvait plus, sous aucune forme, devenir légalement propriétaire?

L'article 15 serait un vrai guet-apens, s'il permettait des fondations et ne reconnaissait pas à l'Eglise le droit de les recevoir et de les garder en toute propriété. La loi sanctionnerait des fondations pieuses et, contrairement aux volontés des donateurs, les dons volontaires, avec une destination précise, feraient retour au Trésor public. Le législateur aurait engagé les catholiques à faire des donations à l'Eglise, avec cette arrière-pensée qu'au fur et à mesure de leur libéralité l'Etat pourrait s'approprier leurs dons?

Nous avons vu que l'Eglise n'a jamais cessé d'être propriétaire des biens ecclésiastiques. Aussi bien le Concordat, convention consacrant les libéralités magnifiques de l'Eglise envers l'Etat, par ses dispositions généreuses est un des plus grands actes de propriété que l'Eglise ait jamais posé. Reconnue maîtresse de ses biens par ce contrat solennel, elle en a fait don à ceux qui s'en étaient emparés. Et voici l'article 15 qui lui reconnaît de nouveau explicitement tout droit pour l'avenir. Car qui peut recevoir peut garder, et qui reçoit en toute propriété peut garder en toute propriété.

Toutefois, l'article 15 contient une disposition scabreuse, qui pourrait singulièrement diminuer sa portée. Ne serait-ce pas une vraie restriction ? Il y est dit, en effet, que « le gouvernement prendra des mesures » pour l'exécution de cet article.

Or, certains légistes comprennent de cette façon la première partie de l'article 15 : « Tout dépend du gouvernement ; il peut même décréter des mesures qui tendraient à empêcher toute fondation. »

Il suffit de prendre connaissance du texte pour saisir du premier coup d'œil combien cette interprétation est erronée. Le texte dit : « Le gouvernement prendra également des mesures... » Le mot *également* se rapporte à l'article précédent qui assure des traitements convenables aux ministres du culte : il signifie que le gouvernement prendra, au même titre, des mesures pour assurer les traitements ecclésiastiques et pour que les catholiques puissent faire des fondations. De même que le gouvernement ne pourra pas se soustraire à l'engagement qu'il prend à l'égard des traitements, il ne pourra pas non plus empêcher les fondations, encore moins se les approprier.

Mais quelques jurisconsultes, analysant la nature du droit de l'Eglise, ont pensé faire une découverte en arrivant à cette conclusion que l'Eglise, dans la légalité française actuelle, serait incapable de recevoir, sauf à être relevée de son incapacité par l'autorisation du gouvernement. Telle serait l'idée juridique. Cependant la condition de l'autorisation supposerait la capacité, puisqu'elle régit l'exercice (1).

C'est à ce propos que M. Horoy expose une théorie nouvelle de la propriété ecclésiastique, fondée en droit canon positif, en droit civil romain, et conforme au droit français. Dans sa pensée, elle doit compléter et rectifier la jurisprudence.

Parlant du *Decretum Gratiani* (2 part. Caus. 12. Q. 2., cap. 152, *Sine exceptione*) il rapporte la décision suivante de Léon Ier, remontant à l'an 450 : « L'évêque n'a pas le droit d'aliéner les biens de son église, il n'est qu'administrateur ; il peut rendre la condition meilleure, mais lorsqu'il agit au nom de l'Eglise, il ne donne pas l'*auctoritas* pour son propre fait, mais il la reçoit. Elle vient de la participation et de la signature des clercs, *conniventia et suscriptione clericorum.* »

Substituez, dit M. Horoy, à la *conniventia* des clercs celle du gouvernement civil et vous avez la même *auctoritas*, formée non plus du pouvoir administrateur de l'évêque et de l'assentiment des clercs, mais du pouvoir administrateur de l'évêque

(1) *Cf.* Demolombe, *Donations et testaments*, n° 593.

et de l'autorisation du gouvernement. Il suffit que
l'Eglise le permette, qu'une convention, entre
l'Eglise et l'Etat, l'établisse, et le droit canon, le
droit romain et le droit civil français se donneront
la main, et seront d'accord sur cette grave question
de la propriété ecclésiastique.

« C'est fait, dit Horoy, et c'est l'œuvre de l'article 15 du Concordat (1). »

Malheureusement, si l'on veut que ce soit fait en
droit, ce n'est pas fait dans la pratique. Ce serait
peut-être l'accord parfait entre l'Eglise et l'Etat,
mais l'Etat ne veut pas d'entente cordiale, et il n'a
pas manqué l'occasion qui lui était offerte d'abuser
de la restriction apparente contenue dans ces mots :
« Le gouvernement prendra des mesures... »

Quand on porta à Napoléon le texte du Concordat signé, le Premier Consul, qui l'avait déjà déchi-
ré une première fois, mécontent de ne pas obtenir
tout ce qu'il demandait, garda quelque temps le
silence, réfléchit, puis approuva. « Ce silence, dit
le cardinal Consalvi, je compris plus tard ce qu'il
signifiait (2). » Plus tard, en effet, parurent, à la
suite du Concordat, les fameux Articles Organiques (3).

(1) Horoy, *Rapport du sacerdoce avec l'autorité civile au point
de vue légal*, t. II, p. 369.
(2) *Mémoires de Consalvi*, t. II, p. 386.
(3) Desjardins, S. J., *les Articles Organiques*, 4ᵉ édition. Gre-
noble, 1882, p. 55.

Nous n'avons pas, ici, à prouver la nullité en droit de la plupart de ces Articles, « d'aillleurs, tombés plus tard en désuétude, dit M. Olivier, à part peut-être un ou deux (1) ».

Qu'il nous suffise de rappeler les principes exposés et appliqués plus haut. Nous avons prouvé la nullité des lois révolutionnaires par ce qu'elles rompaient un contrat, parce qu'elles violaient une convention, le Concordat de 1516. Les Articles Organiques constituent un acte de mauvaise foi, qui viole le Concordat de 1801. Il faudrait présenter une seconde fois les mêmes arguments. C'est inutile.

Nous nous contenterons de citer le bref adressé à l'empereur Napoléon Ier, par Pie VII, le 27 mars 1808 : « En compensation du Concordat ecclésiastique, vous ne nous avez rendu que la destruction de ce même Concordat, par des lois séparées dites Organiques (2). »

Et c'est précisément dans les Articles Organiques « qui n'ont point été concertés avec le Saint-Siège », qui peuvent faire croire « que l'Eglise de France est asservie (3) », écrit le cardinal Caprara à Tal-

(1) Emile Olivier. *Officiel*. Discours au Corps législatif, *10 juillet 1868*.

(2 Bref de S. S. Pie VII à Napoléon, *27 mars 1808*.

(3) Lettre du cardinal Caprara, légat *a latere*, à Talleyrand, ministre des Affaires Etrangères, *18 août 1803*.

leyrand, c'est dans ces articles, violation même du traité passé avec le Saint-Siège, que l'Etat a essayé de retirer en partie à l'Eglise le droit de propriété reconnu par l'article 15 du Concordat.

Les Articles Organiques (art. 73) portent que « les fondations qui ont pour objet l'entretien des ministres et l'exercice du culte ne pourront consister qu'en rentes constituées par l'Etat... Elles ne pourront être exécutées qu'avec l'autorisation du gouvernement (1) ».

L'article 73 des Articles Organiques, dit Horoy, énonce donc « le principe d'une incapacité absolue (de l'Eglise) pour les immeubles et d'une incapacité relative pour la rente sur l'Etat ». Quant à l'article 74 qui suit, « la conclusion est la même, celle de l'incapacité de l'Eglise en principe au point de vue du droit français nouveau (2) ».

« Ingénieuse conception, disait le tribun Siméon, qui achève d'attacher les ecclésiastiques à la fortune de la République et qui les intéresse au maintien de son crédit et de sa prospérité (3). »

Fallacieuse conception, qui a pour résultat, au contraire, « d'engendrer la défiance », comme l'écrivait le cardinal Caprara à Talleyrand (4),

(1) Articles Organiques. *Article 73.*
(2) Horoy, *op. cit.*, t. II, p. 370.
(3) Siméon. *Rapport au Tribunat.*
(4) Lettre du cardinal Caprara à Talleyrand, *18 août 1803.*

plus que cela, de révolter toute âme honnête à la vue d'une mauvaise foi aussi manifeste.

Et, on l'a remarqué, il n'y a pas que l'article 73 des Organiques, il y a l'article 74, qui refuse aux ministres du culte la possession « d'immeubles autres que les édifices destinés au logement et les jardins attenants (1) ».

C'est une nouvelle violation de l'article 15 du Concordat, qui ne contient aucune restriction sur la nature des biens que l'Eglise peut posséder en France : les fondations peuvent consister aussi bien en meubles qu'en immeubles, en terres ou capitaux. Déclarer qu'elles ne devront être constituées qu'en rentes sur l'Etat, ajouter que les ministres du culte ne pourront posséder d'immeubles « en raison de leur fonction », c'est dépouiller l'Eglise une seconde fois, c'est confirmer les iniquités de la grande Révolution.

Il est toutefois à noter que les Articles Organiques (art. 74) reconnaissent que les édifices destinés au logement des ministres du culte et les jardins attenants font exception et peuvent être la propriété des ministres du culte : en ce point du moins le droit de l'Eglise n'est pas violé, il est confirmé. Quant au reste, nous n'avons qu'à protester avec le cardinal Caprara écrivant à M. de Talleyrand,

(1) Articles Organiques. *Article 74.*

ministre des Affaires Étrangères, la lettre indignée
qui suit :

« L'article 74 veut que « les immeubles autres
que les édifices destinés aux logements et les jardins attenants ne puissent être affectés à des titres
éclésiastiques, ni possédés par les ministres du
culte à raison de leurs fonctions ». Quel contraste
frappant entre cet article et l'article 7 concernant
les ministres protestants ! Ceux-ci, non seulement
jouissent d'un traitement qui leur est assuré, mais
ils conservent à la fois et les biens que leur église
possède et les oblations qui leur sont offertes.
Avec quelle amertume l'Eglise ne doit-elle pas
voir cette énorme différence ! Il n'y a qu'elle qui
ne puisse posséder des immeubles ; les sociétés
séparées d'elle peuvent en jouir librement ; on les
leur conserve, quoique leur religion ne soit pro-
fessée que par une minorité bien faible ; tandis
que l'immense majorité des Français et les Consuls
eux-mêmes professent la religion que l'on prive
également du droit de posséder des immeubles (1). »

Cette protestation a été entendue et elle a porté
fruit. L'article 74 des Articles Organiques, nul par
lui-même puisqu'il viole la Convention de 1801,
de fait a été abrogé par les lois subséquentes, en

____

(1) Lettre du Cardinal Caprara, légat *a latere*, à M. de Talleyrand,
ministre des Affaires étrangères, *18 août 1803.*

particulier par le décret du 6 novembre 1813, qui reconnaît les curés, les évêques, les chapitres comme personnes civiles capables de posséder. L'article 1er de ce décret est ainsi conçu : « Dans toutes les paroisses où les curés ou desservants possèdent à *ce titre* des *biens-fonds* ou des rentes, la Fabrique établie près de chaque paroisse est chargée de veiller à la conservation des dits biens (1). »

L'article 74 a été de nouveau abrogé par la loi de 1817, qui donne à tous les établissements ecclésiastiques le droit d'acquérir (2). C'est l'abrogation implicite de la restriction qui voulait que les fondations ne puissent consister qu'en rentes sur l'Etat, c'est le retour au texte du Concordat et à la doctrine qu'il consacre.

Le droit de propriété est encore reconnu par un avis des Comités réunis de législation et de l'intérieur du 3 juin 1820. On y lit cette déclaration : « Vainement on prétendrait que les ministres du culte n'ont que la jouissance usufruitière de ces biens ; on est forcé de reconnaître qu'ils en ont la propriété réelle (3). »

C'est ainsi que l'Etat se conforma, tardivement il

---

(1) *Décret du 6 novembre 1813*, art. I.
(2) *Loi du 2 janvier 1817.*
(3) Avis des Comités réunis de législation et de l'intérieur, du *3 juin 1820.*

est vrai, mais réellement, aux clauses du Concordat affirmant le droit de propriété de l'Eglise. La question est donc résolue.

La conséquence de ce droit reconnu est claire. L'Eglise de France est légalement propriétaire de tous les biens qui lui ont été rendus en vertu de l'article 12 du Concordat ; son droit de propriété s'étend à la créance dont les intérêts lui sont payés sous la forme d'un traitement convenable ; elle est propriétaire de toutes les fondations, donations qui lui ont été faites depuis le Concordat, sous toutes les formes, par la générosité des catholiques.

Le droit est prouvé. La loi française est d'accord avec le droit naturel que l'Eglise a de posséder comme toute société. Légalement elle peut posséder non seulement des capitaux et des rentes, mais des meubles et des immeubles.

Nous allons voir en vertu de quelle fiction juridique l'Eglise de France a exercé légalement ses droits et dans quelles limites.

CHAPITRE VII

En vertu du Concordat, l'État reconnaît des associations religieuses qui, à titre d'établissements publics, constituant des personnes civiles, ont le droit légal de propriété.

Les décrets et lois, que nous venons de citer, parlent de personnes civiles et d'établissements ecclésiastiques. Ces termes ont un sens et une valeur juridique qu'il est absolument nécessaire d'expliquer.

Du même coup, nous nous rendrons mieux compte des contradictions plus apparentes que réelles de la législation française, refusant au premier abord d'exécuter les clauses du Concordat, quitte à revenir plus tard sur des décrets restrictifs, accordant enfin ce qu'elle a commencé par dénier.

Voici le point capital : une fois compris ou remis en mémoire, il nous permettra de saisir la principale cause de ces palinodies.

Aux yeux de l'État, même au moment de la signature du Concordat, l'Eglise n'existe pas juridiquement. Ce n'est pas avec elle que l'Etat fait un traité, mais avec le Saint-Siège. Il ne veut et, d'après ses vues, ne peut traiter avec elle, par ce que l'Eglise n'a d'existence légale sous aucune forme que l'Etat reconnaisse. N'existant pas juridiquement, l'Eglise ne peut pas posséder légalement.

Il n'en est pas moins vrai que c'est à elle que l'Etat doit restituer les biens ecclésiastiques confisqués. Mais l'Etat ne prétend pas faire cette restitution suivant un mode extraordinaire, en dehors de toute forme légale. Ce serait le cas, à ses yeux, s'il traitait avec un être n'ayant pas d'existence légale.

En signant le Concordat, en faisant un traité avec le Saint-Siège, l'Etat prétend bien ne reconnaître l'Eglise que dans la mesure où les principes de son droit public et sa neutralité religieuse le lui permettent. Il ne lui donnera d'existence légale que conformément à ces principes.

Le Concordat semblait tolérer cette façon de procéder. Il déclarait que la religion catholique était la religion de la majorité des Français, mais nullement qu'elle fût la religion de l'Etat. Or, reconnaître l'Eglise catholique en tant qu'Eglise, c'est-à-dire comme une société parfaite, capable par elle-même de tous les droits, paraissait aux yeux des légistes un acte contradictoire, en opposition avec ce qu'ils appellent les principes modernes ; à leur avis c'eût été une renonciation pure et simple aux bénéfices des conquêtes de 1789. L'Eglise est, il est vrai, dans l'Etat, mais elle n'est plus un ordre de l'Etat : et celui-ci l'ignore.

Comment donc traiter l'Eglise sans rompre le Concordat et tout en restant fidèle aux « immortels principes » ?

Le moyen se trouvait tout indiqué dans les principes du droit public ; c'est une fiction juridique qui sauvera tout.

L'Etat ne reconnaîtra pas dans l'Eglise catholique une grande association religieuse, ni un corps religieux, mais des associations ayant un but religieux, des fractions, qu'il déclarera établissements publics. A ce titre les associations deviendront des personnes morales ou civiles, capables de tous les droits qui sont propres aux êtres juridiques de cette espèce.

« Chaque culte profite en France, dit Horoy, des principes suivants de l'ordre religieux, que consacre le droit public français, ou se soumet à ces principes : 1° liberté absolue de conscience ou liberté illimitée en matière de foi ; 2° sécularisation de l'Etat, des personnes..., etc. La sécularisation de l'Etat, des personnes, donne la valeur civile aux actes d'état civil reçus par les officiers publics d'état civil (1). »

(1) Horoy, op. cit., t. II, p. 301.

Pour bien saisir le sens et la portée de cette manœuvre de l'État, il faut des principes de droit et des définitions. Nous allons les donner.

Avant tout, il est nécessaire de rappeler un grand principe de droit public, base de tout le système :

« Nulle association, même régulière, au point de vue des lois de police, nul corps, ne peut devenir une personne morale ou civile, un être juridique capable de posséder les droits privés des Français, qu'en vertu d'un acte de la puissance publique qui lui confère ce caractère (1). »

Telles sont les exigences césariennes du monopole de l'État en matière d'association et des principes de centralisation sur lesquels elles s'appuient. Une association peut être en règle avec les lois de police, n'être pas illicite, et cependant n'avoir aucun droit (posséder, acheter, vendre, hériter, tester) tant que la puissance publique ne lui aura pas conféré un caractère juridique, la rendant personne morale ou civile. D'où il suit que l'Église elle-même, pour être capable légalement de jouir de droits privés, doit devenir, sous une forme ou sous une autre, personne morale ou civile, et de par un acte de la puissance publique.

L'acte de l'autorité publique, générateur de toute personnalité civile, est, suivant l'espèce, une loi, un

(1) Ducrocq, *Cours de droit administratif*. 1881, t. II, p. 476.

décret ou un arrêté. Il faudrait une loi dans le cas présent.

Le Concordat, loi de l'Etat, ne donne pas à l'Eglise, en tant qu'Eglise, cette personnalité juridique. Mais il constitue implicitement, et les lois subséquentes reconnaissent, des associations religieuses qui sont personnes morales ou civiles, capables de tous les droits privés des Français.

Je cite de nouveau un des plus illustres jurisconsultes français qui, par sa science et son autorité, fait loi en matière de droit administratif : « Le Concordat de 1801, dit Ducrocq, a posé, en ce qui concerne le culte catholique, le principe de la reconnaissance par l'Etat de la personnalité civile des agrégations de fidèles réunis par leurs intérêts religieux. — C'est ce qui résulte de l'article 15, aux termes duquel les catholiques français peuvent, s'ils le veulent, faire en faveur des églises des fondations. Ces personnes civiles, ainsi désignées d'une manière générale, et qui se rattachent à l'organisation du culte catholique, sont les fabriques, les menses curiales, les menses épiscopales, les séminaires diocésains et les chapitres (1). »

Toutes les personnes juridiques, constituant des établissements publics, sont reconnues, à ce titre, par l'Etat : c'est sous cette forme que l'Eglise est

(1) Ducrocq, *Cours de droit administratif.* 1881 t. II, p. 681.

en quelque sorte incorporée à l'Etat, qu'elle devient, suivant l'expression des libéraux révolutionnaires, citoyenne de l'Etat.

Mais cette incorporation est-elle une absorption, une assimilation? Non.

Et la définition de l'établissement public, tel que l'entend la loi, répondra mieux à cette légitime question. « L'établissement public, disent les juristes, est un être juridique *doué d'une vie propre*, qui fait partie intégrante de l'organisation administrative du pays et qui lui est étroitement rattaché. »

Doué d'une vie propre ! Ces mots sont caractéristiques.

« Il est en effet inexact de dire, continue Ducrocq, que les établissements publics vivent de la vie de l'Etat, sont régis par des fonctionnaires relevant de l'autorité publique seule et puisent dans l'impôt national la plus grande partie de leurs ressources. Ainsi les Fabriques, qui sont des établissements publics, ont une vie qui leur est propre, ainsi que leur patrimoine, leurs créances, leurs dettes, leurs actes; sans cela, elles ne seraient plus des personnes morales ou civiles (1). »

Donc les Fabriques des paroisses catholiques, « établissements publics des plus considérables

(1) Ducrocq, *Cours de droit administratif.* 1881, t. II, p. 474.

par leur nombre et par leur importance », sont composées de membres qui ne peuvent être assimimilés à aucun titre aux fonctionnaires publics. « La loi et une jurisprudence unanime », déclarent « que les curés et les desservants, membres de droit du conseil de fabrique et administrateurs des menses curiales (autres établissements publics) ne sont pas davantage des fonctionnaires publics(1). »

Toutes ces définitions générales et leurs conséquences embrassent également les fabriques, les menses curiales et épiscopales, les chapitres et séminaires diocésains.

Maintenant que le genre nous est connu, voyons et étudions l'espèce : autrement dit apprenons quelle est la capacité de chacune des personnes morales déjà énumérées.

Nous savons qu'elles naissent légalement par un acte de l'autorité publique, qu'elles vivent d'une vie propre. Quelle est la sphère de leur activité ? De quels actes vitaux sont-elles capables ?

Dans leurs actes, elles sont soumises à l'autorisation des pouvoirs publics. C'est le régime commun. L'État exerce sur elles une sorte de tutelle.

Mais dans ces limites, une fois la reconnaissance légale acquise et l'autorisation donnée, elles peuvent exercer des actions en justice, elles ont le droit

(1) Ducrocq, *Cours de droit administratif*. 1882, t. II, p. 473.

d'acquérir à titre gratuit, d'acheter, de louer des immeubles. Il leur est simplement interdit, comme à l'État lui-même, de vendre les immeubles qui ont un caractère d'inaliénabilité. Les immeubles qui font partie du domaine public ecclésiastique ont ce caractère. Si l'État se permettait une aliénation semblable, pour une cause d'intérêt public, il devrait — et il le fait — il devrait substituer à l'immeuble aliéné un autre immeuble de même valeur et de même nature.

Passons maintenant en revue et définissons les personnes morales ou civiles qui, aux yeux de l'État, tiennent la place de l'Église proprement dite et exercent ses droits.

1° *Les Fabriques*.

Elles ont été rétablies, en principe, après la signature du Concordat et en vertu de l'article 76 de la loi du 18 germinal an X. « Ce sont, d'après les jurisconsultes, des conseils institués pour administrer les biens des paroisses catholiques, agir et contracter en leur nom (1). »

Il ne faut pas oublier que l'institution des Fabriques est une concession accordée par l'Église.

2° *Les Cures*.

« Une cure ou succursale est une personne morale capable d'acquérir, et distincte de la person-

(1) Ducrocq, *Cours de droit administratif*, 1881, t. II, p. 473.

nalité de la paroisse représentée par la Fabrique. »

Le curé est l'administrateur du presbytère et de ses dépendances, de la mense curiale; il est l'âme qui donne la vie à toute l'administration paroissiale.

Il faut remarquer l'effacement légal du curé dans les textes, et son action nécessairement prépondérante dans le domaine des faits civils et légaux, quant aux biens de l'Eglise (1).

Bizarrerie dont la cause est patente. A quelles contradictions dérisoires la jalousie, pour ne pas employer un autre mot, ne conduit-elle pas le pouvoir civil ?

3° *Là Mense curiale* (2).

« On appelle mense curiale l'administration et l'ensemble des biens qu'un curé ou desservant possède à ce titre. Le curé possède, le curé titulaire de l'office est usufruitier des biens de la cure, à la conservation desquels la Fabrique veille. »

4° *La Mense épiscopale* (3).

« Les prélats, aussi bien que les curés et les desservants, sont capables d'acquérir, en tant qu'évêques ou archevêques; la personne morale qu'ils représentent est l'évêché ou la mense épiscopale et

(1) Horoy, *Rapports du sacerdoce avec l'autorité civile au point de vue légal,* t. II, p. 379.
(2) *Loi du 6 mars 1813.*
(3) *Décret du 6 novembre 1813.*

non le diocèse, qui n'est qu'une circonscription ecclésiastique sans individualité juridique (1). »

C'est à tort qu'on prétendrait ne reconnaître aux évêques qu'une tutelle sur les biens de l'Eglise et même un droit de tutelle partagé avec l'administration civile; c'est à tort qu'on soutiendrait que rien n'atteste en eux, au point de vue civil, la qualité d'administrateur (2).

Une fois seulement, le 13 avril 1874, le Conseil d'Etat reconnut la personnalité civile du diocèse (3). Mais un nouvel avis du Conseil d'Etat, en avril 1880, refusa de consacrer cette jurisprudence (4).

La nature des choses et la logique avaient amené à admettre la personnalité diocésaine : il y a eu controverse.

5° *Le Séminaire diocésain*.

« C'est encore une personne morale distincte de la mense épiscopale, quoique également représentée par l'évêque. »

6° *Les Chapitres*.

Enfin « les chapitres sont également des personnes morales capables d'acquérir et de recevoir ».

(1) Avis du comité de législation du *21 décembre 1841*. — Circulaire ministérielle du *10 avril 1862*.
(2) Horoy, *Rapports du sacerdoce avec l'autorité civile au point de vue légal*, t. II, p. 375.
(3) Avis du Conseil d'Etat, *13 mai 1874*.
(4) Avis du Conseil d'Etat, *avril 1880*.

Et voilà la doctrine, au moins en général, que nous enseigne le droit français.

Les principes sont clairs. S'ils n'établissent pas une indépendance parfaite de l'Eglise vis-à-vis de l'Etat, dans l'exercice du droit de propriété, du moins ils ne contestent pas la réalité de ce droit; ils en proclament au contraire l'existence formelle, explicite.

Et il se rencontre encore des juristes qui refusent à l'Eglise tout droit légal de propriété ! Il existe toute une législation civile ordonnant ce droit ; chaque année, à dater du Concordat, cette législation civile des biens ecclésiastiques devient de plus en plus précise dans l'affirmation de ce droit, et des hommes sensés osent soutenir que ce droit n'existe pas ?

Mais que signifie donc l'article 76 des Articles Organiques qui rétablit les Fabriques ? Il n'y a pas de doute, cet article dit bien : « Il sera établi des Fabriques pour veiller à l'entretien et à la conservation des temples, etc. (1). »

Que signifie le décret du 30 décembre 1809, qui constitue les Fabriques comme établissements publics et les rend indépendantes des Communes (2)? « Il concilie, dit Ducrocq, les anciennes

(1) *Articles Organiques, article 76.*
(2) *Décret du 30 décembre 1809.*

traditions avec les principes du nouveau droit public en France (1). »

Comment expliquer l'article 36 de ce décret qui dit : « Les revenus de chaque Fabrique se forment du produit des biens et rentes *restituées* aux Fabriques ? » Et le décret du 6 novembre 1813 qui porte ce titre : « Décret sur la possession et l'administration des biens que possède le clergé », décret dont l'article 1er est ainsi conçu : « Les curés et desservants possèdent *à ce titre* des biens-fonds (2). »

Quel sens donner aux dispositions de ce même décret qui placent les biens ecclésiastiques sous la surveillance des évêques, après avoir rendu l'administration des biens des cures, évêchés, chapitres et séminaires, distincte de celle de l'Etat et de celle des Communes, voire même de celle des Fabriques ? En vertu de ce décret, l'évêque, le curé, le chapitre administrent les biens de leurs menses respectives. Et les menses ne seraient pas reconnues propriétaires de leurs biens ?

Mais la loi du 2 janvier 1817 reconnaît à tout établissement ecclésiastique la faculté d'acquérir et d'aliéner les meubles productifs et non productifs (3).

(1) Ducrocq, *Cours de droit administratif.* 1881, t. II, p. 683.
(2) *Décret du 6 novembre 1813.*
(3) *Loi du 2 janvier 1817.*

Déjà l'article 62 de la loi du 30 décembre 1809 disait : « Ne pourront les biens immeubles de l'Eglise être vendus, aliénés, ni même loués, sans l'avis de l'évêque diocésain (1). » Et l'article 23 du décret du 6 novembre 1813 « prescrivait aux archevêques et évêques de s'informer dans leurs visites de l'état des biens de la cure, afin de rendre au besoin des ordonnances à ce sujet (2) ».

Ce même décret, reconnaissant les curés, les évêques et chapitres comme personnes civiles capables de posséder, et la loi du 2 janvier 1817, donnant à tous les établissements ecclésiastiques le droit d'acquérir, complètent la législation qui abroge l'article 74 des Articles Organiques absolument contraire aux clauses du Concordat et au droit de l'Eglise.

Cette loi du 2 janvier 1817 porte que « les immeubles ou rentes appartenant à un établissement ecclésiastique seront possédés à perpétuité (3) ».

Nous pourrions multiplier encore les textes de loi qui prouvent l'inanité des affirmations de nos adversaires. Nous pourrions citer, par exemple, cet avis des Comités réunis de législation et de l'intérieur du Conseil d'Etat, qui déclare que

(1) *Loi du 30 décembre 1809*, article 62.
(2) *Décret du 6 novembre 1813*, article 23.
(3) *Loi du 2 janvier 1817*.

« toute chapelle, dont l'érection est autorisée, est apte à posséder et à recevoir (1) ».

Mais nous pensons n'avoir que trop abusé des citations et nous jugeons n'avoir que trop abondamment prouvé le droit légal de l'Eglise de France à la propriété. Nous passons.

(1) Avis des Comités réunis de législation et de l'intérieur du Conseil d'Etat, *28 décembre 1819*.

CHAPITRE VIII

**Les clauses du Concordat prouvent que les biens ec-
clésiastiques, non aliénés en 1801 et nécessaires au
culte, ont été restitués à l'Eglise et qu'elle en a la
propriété sous la tutelle acceptée ou subie du Gouvernement.**

Enfin le Concordat parle d'une cinquième espèce
de biens, dont nous devons encore chercher le propriétaire.

Le Concordat, après nous avoir appris que
l'Eglise a le droit légal de posséder, nous dit
maintenant quels sont les biens qu'elle possède
légalement.

L'article 12 est ainsi conçu : « Toutes les églises
métropolitaines, cathédrales, paroissiales et autres
non aliénées, nécessaires au culte, seront remises
à la disposition des évêques (1). »

Cet article est le plus important de tous : car
son application entraîne nécessairement la restau-
ration du culte public en France; de son extension
bien comprise, dépend l'avenir matériel de l'Eglise

(1) *Article 12 du Concordat.*

catholique en France. En effet, si, méconnaissant le sens clair et précis du texte du contrat, on proclame l'Etat propriétaire, malgré tout, des édifices concordataires, qui ne voit la conséquence? En un jour de délire, l'Etat peut reprendre son bien!

Il ne faut pas s'étonner si l'interprétation de cet article est controversée. L'enjeu est trop important pour que les partisans à outrance des prétendus droits de l'Etat n'aient pas disputé à l'Eglise le plus clair de sa propriété.

Nous allons rapporter les arguments des juristes césariens, plus socialistes qu'ils ne le croient, et donner les raisons sages et justes des défenseurs des droits de l'Eglise.

Un légiste gallican, le baron Fréteau de Pény, dans un rapport lu devant la Chambre des Pairs, en mai 1837, commente ainsi et avec beaucoup de netteté l'article 12 du Concordat. Nous lui donnons la parole, de préférence, car il résume à merveille les arguties des légistes.

« Par cet article 12, dit-il, l'Etat accorde la remise à la disposition des évêques des églises non aliénées, nécessaires à l'exercice du culte. Est-ce là une disposition générale? Cette stipulation contient-elle un abandon plein et entier, un dessaisissement absolu des objets mêmes auxquels elle s'applique? Y a-t-il aliénation de ces objets en faveur de tel ou tel individu, de tel ou tel établissement? Nullement. C'est une simple *affectation* aux besoins du culte des édifices nécessaires à ces besoins, faites par l'Etat comme propriétaire de ces édifices; l'Etat ne dit pas qu'il renonce à sa propriété; il concède seulement l'usage; il ne dit pas qu'il cède ces édifices d'une manière absolue, il les consacre à l'exercice du culte; et c'est dans cette vue qu'il les remet aux chefs de ce culte, c'est-à-dire aux évêques. Son intention est clairement marquée, son but manifestement indiqué. Aussi c'est dans ce sens que la mesure a été constamment entendue (1). »

Nous pourrions répondre, en acceptant l'affectation sous bénéfice d'inventaire, que l'Etat, en affectant des édifices à un établissement perpétuel comme est l'Eglise, a affecté par là même ces édifices à leur destination pour toujours, qu'il a consenti à une renonciation de même nature, c'est-à-dire perpétuelle; qu'il a par conséquent donné ces édifices. Qu'est-ce en effet qu'une propriété dont on ne fait rien pour soi-même, sur laquelle on a renoncé à tous droits?

Mais coupons là. Nous ne pouvons accepter cette interprétation qui parle après coup d'affectation,

(1) Rapport du baron Fréteau de Pény, lu devant la *Chambre des Pairs*, le 15 mai 1837.

alors qu'il s'agit de restitution. Nous verrons plus tard, pour les examiner en détail, les preuves apportées par les partisans de cette singulière doctrine.

Dans son exposition des principes du plus pur gallicanisme parlementaire, le baron Fréteau fait appel au texte du Concordat et à la façon dont *ce texte a été constamment entendu*, c'est-à-dire aux lois subséquentes qui en sont l'application.

C'est sur ce terrain commun que nous nous tiendrons.

Les défenseurs des droits de l'Eglise répondent en effet en s'appuyant sur ce même texte du Concordat et sur les lois subséquentes, qui en ont appliqué le sens tel qu'il était compris. Ils affirment que la loi concordataire et toute la législation qui l'a suivie entendent la remise des églises à la disposition des évêques dans le sens d'une restitution faite à l'Eglise par l'Etat.

Il n'y a pas « *aliénation* », il n'y a pas « *dessaisissement* » comme le dit très bien le baron Fréteau, et il ne peut pas y en avoir. L'Etat ne saurait employer ces expressions, qui sonneraient faux, car elles supposeraient qu'il est propriétaire des biens remis. Il n'y a pas transmission, il y a remise, c'est-à-dire que les biens enlevés au propriétaire, mis injustement en dehors de sa possession, sont remis en sa possession.

Il ne faudrait pas, comme nos adversaires se le permettent peu loyalement, arguer d'une expression fort juste et répondant exactement à une situation parfaitement définie, pour conclure dans un sens opposé, en contradiction avec la réalité.

L'expression employée par les signataires du Concordat est inspirée par la rédaction du décret spoliateur de 1789. Il disait : « Tous les biens ecclésiastiques sont mis à la disposition de la nation. » L'article 12 du Concordat devait dire : « Toutes les églises, etc., seront remises à la disposition des évêques. » Il n'était pas possible de mieux accuser le parallélisme de la première et de la seconde loi : la seconde réparant, dans les mêmes termes, les méfaits de la première.

Et si le texte de la première signifiait que l'Etat s'arrogeait la propriété des biens ecclésiastiques, la seconde signifie au même titre que l'Etat restitue, rend, remet ces biens aux évêques représentants de l'Eglise dépouillée.

Si le texte du décret de 1789 n'avait pas le sens d'une expropriation, pour la même raison le même texte, reproduit dans le Concordat, n'a que le sens d'une remise en possession.

« Aux yeux de tout juge honnête, dit le Père Desjardins, la formule identique adoptée dans l'acte spoliateur et l'acte réparateur devrait avoir également un sens identique (1). »

M. Lucien Brun, dans son ouvrage : *Dix ans de l'histoire du droit*, s'appuie sur cette remarque : « L'article 12 qui stipule la restitution « de toutes les églises, etc. » se sert des mêmes expressions que le décret du 2 novembre 1789. Le décret avait *mis à la disposition de la nation* les biens ecclésiastiques ; l'article 12 du Concordat dispose que ces églises seront *remises à la disposition des évêques*. C'est donc le rétablissement de la propriété des églises, dans l'ancien état ; ce qui juge (on ne l'a pas assez remarqué, je crois) cette question de la propriété des églises restituées (2). »

Aussi bien, si l'on veut être franc et loyal, et si on a l'intention d'interpréter dans son vrai sens historique cette expression « les biens ecclésiastiques *sont à la disposition de la nation* », il faut dire que ces mots ne signifient pas *appartiennent à la nation*.

C'est l'histoire des débuts de l'Assemblée nationale de 1789, auteur de ce décret, qui nous donne pleine lumière sur ce point capital (3).

La première rédaction de l'article portait, il est

(1) Desjardins, S. J., *le Concordat*, p. 118.
(2) *Revue catholique des Institutions et du Droit*, juin 1887.
(3) *Moniteur*, séance de l'Assemblée nationale, du 2 novembre 1789.

vrai, le mot spoliateur : «Les biens du clergé appartiennent à la nation. » La confiscation pure et simple était certainement dans les intentions du législateur. Mais cette expression souleva les plus violentes contradictions. Mirabeau, avec son habileté hypocrite, pour échapper à un insuccès certain, changea la formule et mit : «... sont à la disposition de la nation ». Le tour était joué. Une expression ambiguë était loin de contrarier Mirabeau et ses amis : ils se promettaient d'exploiter un texte volontairement obscur pour arriver à leur fin, qui était de dépouiller l'Eglise. Mais la majorité de l'Assemblée nationale, qui prétendait seulement confier les biens ecclésiastiques à l'Etat pour qu'il en fît une distribution mieux proportionnée, était odieusement trompée.

Cet exemple d'une déloyauté honteuse ne doit pas surprendre. C'est là une des manœuvres chères aux légistes césariens, une tactique employée par les révolutionnaires de tous les temps. Une expression vague dissimule l'infamie du procédé. L'expression employée par M. le baron Fréteau, lorsqu'il parle « d'*affectation* aux besoins du culte des édifices nécessaires à ces besoins », joue encore un grand rôle dans la législation révolutionnaire. Ayant appelé la *restitution* des biens de l'Eglise une « *simple affectation* », il suffira lorsqu'on dépouillera l'Eglise de ses biens, d'appeler cette injustice criante une « simple désaffectation ». Le mot, qui est ingénieux, fait passer le procédé, qui autrement révolterait les consciences les moins délicates.

Mais pour arracher le masque dont s'affublent les spoliateurs, il suffit de rendre aux mots leur vrai sens, de leur donner leur exacte valeur : c'est ce que nous venons de faire.

« La remise à la disposition de la nation » aura le sens que l'on voudra ; dans tous les cas, qu'on lui donne un sens ou un autre, « la remise à la disposition des évêques » aura le même sens. Et cela nous suffit.

CHAPITRE IX

Les lois subséquentes, exécutant les clauses du Concordat, prouvent que les biens non aliénés en 1801, et nécessaires au culte, ont été restitués à l'Eglise, dans la personne des Fabriques, qui les possèdent en toute propriété, sous la tutelle du Gouvernement.

Et non seulement le texte du Concordat nous permet d'affirmer qu'il y a restitution légale, mais les lois subséquentes, appliquant les Conventions arrêtées par le Concordat, corroborent notre assertion.

« Je ne citerai pas, dit un des parlementaires du gouvernement de Juillet, les nombreux décrets postérieurs au Concordat et qui en ont singulièrement développé les conséquences, quoique dans ces décrets il ne soit jamais fait mention des droits de l'Etat et de ses réserves, mais beaucoup des biens *restitués* aux fabriques, des immeubles de l'Eglise, de legs et donations qui peuvent être faits aux établissements ecclésiastiques (1). »

Si les autres biens ecclésiastiques ont été resti-

(1) Discours de M. le comte de Tascher à la *Chambre des Pairs.*

tués aux Fabriques, à plus forte raison les édifices religieux, les églises elles-mêmes, ont-elles été remises à leurs légitimes propriétaires. Or, il en est bien ainsi.

La législation, expliquée ou appliquée par la jurisprudence, commentée par les plus graves jurisconsultes, en fait foi. L'administration elle-même, à l'occasion des actes d'acquisition, d'aliénation, de restitution, reconnaît ou suppose clairement dans ses circulaires, dans ses décisions privées, dans ses autorisations, que les églises paroissiales, presbytères, etc., concordataires, n'appartiennent pas à l'Etat et ont été remis par lui à l'Eglise.

Consultons, en premier lieu, les Articles Organiques. On peut en admettre la valeur légale, quand l'un ou l'autre de ces articles n'est pas en contradiction avec les clauses du Concordat. Or, parlant des biens ecclésiastisques non aliénés, et remis, il les appelle biens *rendus* (1).

C'est le mot employé dans l'article 72. Que signifie cette expression sinon une restitution ? Je rends ce que j'ai pris, et je ne puis rendre qu'à celui à qui appartient l'objet rendu : sinon je ne rendrais pas, je ferais don.

Il est vrai que ces mêmes Articles Organiques

(1) *Articles Organiques. Article 72.*

restreignent, sans raison et sans justice, la restitution des édifices religieux, anciennement destinés
au culte catholique, *actuellement entre les mains de
la nation* (1), à un édifice par cure et par succursale; mais nous savons déjà que cette restriction
anticoncordataire a été supprimée par la loi du
17 mars 1809.

Cette loi comprend en effet, dans la restitution,
même « *les églises et presbytères aliénés qui, pour
cause de déchéance, sont tombés entre les mains
du domaine* », et l'article 3 de cette même loi
ajoute aux églises et presbytères « *les chapelles de
congrégations, les églises des monastères non
aliénés ni concédées pour un service public et
actuellement disponibles* (2) ».

En accord parfait avec les autres décrets sur la
matière, cette loi applique une doctrine qui, pour
être constante, ne demanderait qu'un peu plus de
loyauté dans l'exécution des clauses du Concordat.

Nous allons prouver qu'il en est ainsi, en pas-
sant en revue la législation qui a suivi la loi du
Concordat et qui en exécute les dispositions convenues. Les textes sont clairs : ils parlent d'eux-
mêmes, si bien qu'ils dispensent des commentaires.
Ils prouvent, à leur simple lecture, le caractère de

(1) *Article 75 des Articles Organiques.*
(2) *Loi du 17 mars 1809.*

restitution que nous voulons établir, ou mieux constater.

L'arrêté du 7 thermidor an XI, article 1er, est ainsi conçu : « Les biens des Fabriques non aliénés ainsi que les rentes dont elles jouissaient, et dont la translation n'a pas été faite, sont *rendus* à leur destination (1). »

On entend bien : sont *rendus*.

Le décret du 15 ventôse au XIII, article 1er, revenant sur l'arrêté précédent, dit :

« En exécution de l'arrêté du 7 thermidor an XI, les biens et rentes non aliénés, provenant des Fabriques des métropoles et des cathédrales des anciens diocèses, ceux provenant des Fabriques des ci-devant chapitres métropolitains et cathédraux, *appartiendront* aux Fabriques des métropoles et cathédrales, etc. (2). »

Appartiendront ! C'est bien le mot propre caractérisant la propriété. Un arrêté *rend* les biens, et un décret déclare que ces biens rendus appartiennent à ceux à qui ils ont été rendus.

L'art. 2 du même décret du 15 ventôse an XIII (3) emploie le même terme pour les biens et rentes aliénés provenant des Fabriques des collégiales.

______

(1) *Arrêté du 7 thermidor an XI, article* 1er.
(2) *Décret du 15 ventôse an XIII, article* 1er.
(3) *Idem, article* 2.

Mais alors les biens des métropoles, cathédrales et autres, seraient rendus, et l'édifice lui-même, qui va être entretenu par les revenus de ces biens, n'aurait pas été restitué? Il faudrait admettre qu'un immeuble de l'Etat est entretenu par les revenus d'un bien ecclésiastique? que les biens servant à l'entretien auraient été rendus, alors que les biens entretenus n'auraient pas été restitués?

Il n'y a pas de raison pour garder ou rendre les uns plutôt que les autres. Si donc les uns ont été restitués, les autres l'ont été également. Bien plus, s'il y a des biens que l'Etat aurait pu garder de préférence à d'autres, ce sont les rentes, alors que le Concordat l'obligeait à restaurer et même à construire à ses frais les édifices religieux nécessaires au culte. Si donc l'Etat a rendu les rentes, à plus forte raison a-t-il dû restituer les édifices qu'elles entretiennent.

La restitution des biens et revenus est encore affirmée par la loi du 22 fructidor an XIII. Elle rappelle les décrets et lois qui précèdent et elle s'exprime ainsi :

« Les biens et revenus *rendus* aux Fabriques par les décrets et décisions des 7 thermidor an XI et 25 frimaire an XII, etc. (1). » C'est toujours la même terminologie.

(1) *Loi du 22 fructidor an XIII.*

Enfin, c'est la restitution, non seulement des biens et revenus, mais celle des édifices eux-mêmes qui est prouvée par les dispositions des décrets des 3o mai et 31 juillet 1806. En voici la teneur :

« Les églises et presbytères qui, par suite de l'organisation ecclésiastique, seront supprimés font partie des biens *restitués* aux fabriques, et sont réunis à celles des cures et succursales dans l'arrondissement desquelles ils sont situés. » Et l'article 1er du décret ajoute : « Ils pourront être échangés, loués ou aliénés, au profit des églises et presbytères des chefs-lieux (1). »

Et ces actes de propriété se feraient au profit d'édifices religieux qui seraient à l'Etat ou aux Communes ? Les Fabriques, propriétaires de ces biens, les aliéneraient, les échangeraient, les loueraient pour enrichir l'Etat ? C'est insoutenable et en contradiction avec les considérants de la loi.

En effet, pour justifier la translation des biens des églises supprimées aux paroisses conservées, le décret du 31 juillet 1806 apporte, comme motif, le respect dû aux volontés des donateurs. Il dit : « Considérant que c'est une mesure de justice que les intentions des donateurs soient remplies... » Quelles sont ces intentions ? La volonté des donateurs aurait-elle été de constituer, par leurs lar-

(1) *Décrets des 3o mai et 31 juillet 1806.*

gesses, une propriété entre les mains de l'Etat ? Qui pourrait le croire ? Ce serait une interprétation absurde. Au contraire, c'est parce que l'Etat reconnaît que les donateurs n'ont jamais eu l'intention de s'adresser à lui, qu'il rend à l'Eglise ce qui lui était destiné.

Un exemple rendra notre argumentation plus saisissante. Un propriétaire a été dépouillé injustement de son bien. Il possédait trois maisons, sur lesquelles un voisin, peu consciencieux, a jeté son dévolu. Le voisin reconnaissant l'iniquité de son procédé, consent à restituer, mais il impose au propriétaire les conditions suivantes : « Vous habiterez une des trois maisons. Vous louerez ou aliénerez les deux autres pour l'entretien de la première. Les maisons que vous n'habiterez pas seront bien à vous, elles seront votre propriété ; quant à celle que vous habiterez, et qui sera entretenue par les revenus provenant de la vente ou de la location des deux autres, j'en garde la propriété. » Cette façon de restituer serait bien bizarre, ridicule, sinon parfaitement injuste.

Et voilà ce que l'on voudrait que l'Etat eût fait ! Il aurait rendu les biens et rentes, les édifices religieux inhabités, c'est-à-dire non nécessaires au culte, et il n'aurait pas restitué les édifices religieux habités, c'est-à-dire les édifices nécessaires au culte. C'est insoutenable aux yeux du bon sens, comme aux yeux de la loi, au point de vue logique comme au point de vue juridique.

Le 17 mars 1809, nouvelle restitution! L'Etat rend les églises et presbytères qui, ayant été aliénés, sont rentrés dans les mains du Domaine pour cause de déchéance, ainsi que les chapelles de congrégations, les églises des monastères non aliénées ni concédées pour un service public, et actuellement disponibles. Nous avons déjà cité ce décret (1).

Bientôt après, c'est le tour des maisons vicariales. « Ces maisons, dit le décret du 8 novembre 1810, feront partie des biens *restitués* aux Fabriques, et seront réunies à celles des cures ou succursales dans l'arrondissement desquelles elles seront situées. Elles pourront être échangées, louées ou aliénées au profit des églises et presbytères des chefs-lieux (2). »

Enfin, plus tard, par l'ordonnance du 28 mars 1820, l'Etat autorise « les Fabriques à se faire remettre en possession des biens ou rentes… dont, au moment de la publication de la présente ordonnance, le transfert ou l'aliénation n'aurait pas été définitivement et régulièrement consommé. »

C'est par cette même ordonnance que « la nue

(1) *Décret du 17 mars 1809.*
(2) *Décret du 8 novembre 1810.*

propriété est concédée ou reconnue appartenir à l'établissement appelé cure ou succursale ». C'est elle encore qui reconnaissait aux Fabriques les droits inséparables de la propriété : aliéner, acquérir, échanger.

Il ne faudrait pas prétendre que cette ordonnance inaugure une nouvelle ère, qu'elle est une exception. Le législateur a pris lui-même le soin de déclarer qu'elle ne faisait que consacrer toute la législation précédente. L'article 1er de l'ordonnance du 28 mars 1820 dit en effet « que cette remise en possession des biens ou rentes, etc., entre les mains des Fabriques, est faite en exécution de l'article 2 de l'arrêté du 7 thermidor an XI, et des décrets des 30 mai et 31 juillet 1806 ».

C'est ainsi que le législateur a rattaché cette ordonnance aux arrêtés et décrets précédents : elle est l'anneau qui vient prendre sa place dans la chaîne ininterrompue, et, du même coup, l'ordonnance présente donne aux actes passés leur vrai sens, puisqu'elle entend se conformer à leurs intentions (1).

Le 26 septembre 1822, le ministre des finances, par une décision ministérielle, règle que « les biens des Fabriques aliénés réunis au domaine de l'État par suite de la déchéance des acquéreurs, et encore

(1) *Ordonnance du 28 mars 1820.*

disponibles, seront *restitués* à ces établissements, nonobstant toute décision contraire (1) ».

Il ne s'agit pas d'usufruit, mais de nue propriété. Nous en sommes informés par une restriction qui est apportée au sujet des chapelles établies conformément aux dispositions du titre II du décret du 30 septembre 1807. Pour les chapelles de cette espèce, l'usufruit seul est accordé. Or, il n'y a pas de milieu entre la nue propriété et l'usufruit. Si donc les Fabriques ne sont déclarées, dans ce cas, que simples usufruitières, par exception, dans un sens restrictif de leurs droits, c'est qu'elles ont la nue propriété dans les autres cas.

Et nous avons ainsi du même coup le sens de l'arrêt du 7 thermidor an XI et des décrets des 30 mai et 31 juillet 1806. Ils reconnaissent réellement aux Fabriques le droit de propriété (2).

Il faudrait, pour confirmer cette doctrine indéniable, relire l'avis du Conseil d'Etat du 25 janvier et du 30 avril 1807; l'arrêt du Conseil d'Etat, du 8 septembre 1819, du 18 juillet 1821; de la Cour de cassation, du 3 avril 1854; de la cour de Bastia, du 18 avril 1855.

D'après ces actes, les Fabriques sont investies de la propriété des biens et rentes à elles rendues par

(1) *Décision du ministre des finances du 26 septembre 1822.*
(2) Ravelet, *Manuel*, p. 148.

l'arrêté du 7 thermidor an XI, par un envoi en possession délivré par le préfet, sur l'approbation du ministre des finances.

Une ordonnance du 3 mars 1825, art. 3 et 4, dit que « le produit de la location des presbytères et dépendances, dans le cas où ils peuvent être amodiés, appartient à la fabrique, si le presbytère et ses dépendances lui ont été remis en exécution de la loi du 8 avril 1802, de l'arrêté du gouvernement du 26 juillet 1803, des décrets des 30 mai et 29 juillet 1806, ou si elle en a fait l'acquisition sur ses propres ressources et s'ils lui sont échus par legs ou donations ».

Ainsi les biens restitués sont mis par la loi sur la même ligne que les biens acquis par achat ou par donations. Or, il est indubitable que ces derniers sont possédés en toute propriété, donc aussi les premiers (1).

C'est la restitution complète ; au delà même de ce qui avait été stipulé dans les clauses du Concordat. L'Etat, pour diriger sa conduite, paraît suivre ce principe : Tous les biens ecclésiastiques non aliénés, du moment qu'ils sont disponibles, doivent être *restitués*.

Nous avons donc le droit d'affirmer, comme conclusion de l'étude que nous venons de faire, ce que

(1) *Ordonnance du 3 mars 1825, articles 3 et 4.*

nous avions posé, au début, comme thèse à prouver, à savoir que les lois subséquentes, exécutant les clauses du Concordat, ont restitué à l'Eglise, représentée légalement par les établissements ecclésiastiques, les biens non aliénés et nécessaires au culte.

Cette conclusion est d'autant plus légitime que la restitution s'est étendue même à une partie des biens non aliénés et non nécessaires au culte.

CHAPITRE X

La législation subséquente, exécutant les clauses du Concordat, prouve que les biens rendus à l'Eglise ne sont pas la propriété de l'Etat.

La question de principe étant tranchée, il nous reste à faire une lumière plus complète, en répondant aux objections.

Nous les divisons en deux classes.

1° Celles qui tendraient à faire reconnaître le droit de propriété de l'Etat sur les biens ecclésiastiques;

2° Celles qui voudraient attribuer le droit de propriété aux Communes sur les biens concordataires.

« Aucun évêque, dit le légiste que nous avons eu l'occasion de citer déjà plusieurs fois, aucun évêque n'a jamais prétendu être devenu propriétaire des édifices ainsi remis à sa disposition; aucun ne s'est jamais cru le droit d'en disposer, d'en changer la destination. » Donc les évêques reconnaissent, par là même, qu'ils ne sont pas propriétaires des édifices concordataires et, de fait, ils ne le sont pas.

L'auteur de cette objection se bat contre les moulins à vent. Et il charge avec un succès d'autant plus certain qu'il ne trouvera personne pour lui résister et recevoir le choc : la route est libre.

Nous sommes d'accord avec lui. L'évêque, en effet, n'est pas individuellement, personnellement, propriétaire. Il ne l'est pas plus au point de vue canonique qu'au point de vue juridique. Comment alors aurait-il eu la pensée de se poser en propriétaire? Comment aurait-il eu l'idée de disposer de ce qui ne lui appartient pas et d'en changer la destination?

La loi civile lui donne des pouvoirs administratifs. L'article 69 des Articles Organiques dit bien : « Les évêques rédigeront les projets de règlement relatifs aux oblations que les ministres du culte sont autorisés à recevoir pour l'administration des sacrements (1). » Une décision ministérielle du 31 mars 1837 déclare que ces oblations appartiennent aux Fabriques (2). L'évêque, en vertu d'une décision ministérielle du 13 novembre 1807, en règle le partage entre le curé et le vicaire (3). Il donne l'autorisation nécessaire, pour la location des presbytères, de par l'article 2 de l'ordonnance du

(1) *Articles Organiques, art. 69.*
(2) *Décision ministérielle du 31 mars 1837.*
(3) *Décision ministérielle du 13 novembre 1807.*

3 mars 1825 (1), et pour la distraction des parties superflues d'un presbytère, comme le dit le décret du 25 mars 1852, tableau A (2). Mais tous ces actes légaux, pour la légitimité desquels il était assurément inutile que l'Etat intervînt, ne constituent pas des actes de propriété : sinon tout administrateur serait par le fait même propriétaire.

Donc nous admettons que l'évêque n'est pas propriétaire légal des biens ecclésiastiques ; mais l'évêché, sous le titre de *mense épiscopale*, personne morale et juridique représentant la succession des évêques, possède légalement pour le diocèse. Est-ce que les proviseurs des collèges, les directeurs d'hôpitaux, les maires des communes, se regardent comme propriétaires des lycées, des hospices, des mairies ? Certainement non. Et suit-il de là que l'Etat puisse revendiquer, comme sa propriété, les biens de tous les collèges, de tous les hôpitaux et de toutes les communes ?

Cependant, lorsqu'il s'agit des biens et des édifices ecclésiastiques, c'est la prétention du légiste césarien, plus socialiste qu'il ne le croit, dont nous analysons les affirmations erronées : « L'Etat, dit-il, s'est toujours considéré, a toujours agi comme propriétaire de ces mêmes édifices; il supporte les

(1) *Ordonnance du 3 mars 1825, article 2.*
(2) *Décret du 25 mars 1852, tableau A.*

frais de leur entretien ; il les répare quand ils menacent ruine ; il en construit de nouveaux quand les besoins l'exigent, et il les livre à l'exercice du culte, sans condition d'aliénation, sans renoncement aux droits et aux charges de la propriété (1). »

L'Etat entretient, répare, reconstruit ou construit les édifices religieux, les livre au culte, sans condition d'aliénation, donc il en est le propriétaire. Voilà de toutes les objections la plus forte, en apparence la plus sérieuse.

Cette objection a plusieurs faces qu'il faut envisager tour à tour.

Et d'abord « *l'Etat a livré les édifices concordataires à l'exercice du culte sans condition d'aliénation* ».

Cette partie de l'objection est présentée, par d'autres juristes, d'une façon plus saisissante, sous cette forme :

« Le domaine de l'Etat et les droits qui en dépendent ne peuvent être vendus et aliénés à titre perpétuel qu'en vertu d'un acte législatif. Aucun laps de temps, aucune fin de non-recevoir ou exception, excepté celle résultant de l'autorité de la chose jugée, ne peuvent couvrir l'irrégularité des aliénations faites sans un acte législatif. Comment alors

(1) Rapport du baron Fréteau de Pény, à la *Chambre des Pairs, 13 mai 1837*.

soutenir que les édifices qui sont devenus certaine-ment domaines nationaux par la loi du 2 novem-bre 1789 et qui, depuis, n'ont été aliénés par aucun acte translatif de propriété, appartiennent aujour-d'hui aux diocèses ou autres établissements, tels qu'évêchés, séminaires, fabriques ?... »

Nous répondons en nous tenant sur le même terrain que notre adversaire. L'acte de restitution a été opéré par des décrets successifs, dont un grand nombre avaient force de loi. Le législateur n'a pas cru devoir faire autant d'actes législatifs qu'il y avait de biens à restituer. Toutes ces restitutions ont été consommées par des actes administratifs : c'était plus simple. Il aurait fallu, en procédant suivant une autre méthode, rédiger et promulguer trente mille lois pour rendre trente mille églises concordataires. C'était par trop compliqué et par-faitement inutile, car l'acte de restitution se trouve être la conséquence rigoureuse et juridique d'un traité qui a force de loi.

Et l'auteur de l'objection n'a pas prévu qu'on pouvait avec justesse rétorquer ses arguments, qu'il s'enferrait lui-même, tout en donnant des armes à ses adversaires.

En effet, le mode de restitution dont l'Etat s'est servi pour remettre les biens ecclésiastiques aux mains de l'Eglise, par sa forme même, est une confirmation du droit de propriété de l'Eglise sur les biens restitués. L'Eglise n'ayant pas cessé d'être propriétaire, lors de la remise il ne peut y avoir d'acte d'aliénation. L'Etat ne pouvant aliéner ce qui n'est pas à lui, il ne saurait y avoir de vente. S'il n'y a pas de vente, un acte législatif n'est pas nécessaire : il est superflu.

Il n'y en a pas eu, soit : tout est en règle.

Quelques jurisconsultes, d'accord avec le droit dont ils veulent équitablement faire bénéficier l'Eglise, voient, dans la façon même dont les édifices diocésains sont administrés, une preuve du droit de propriété de l'Eglise sur les métropoles, cathédrales, etc.

Ils raisonnent ainsi : Si ces édifices étaient encore biens nationaux, on laisserait à la régie des Domaines le droit d'en surveiller l'usage, de constater l'état des lieux au départ et au décès de chaque titulaire. La régie devrait faire les réparations nécessaires. Or, cette pratique, qui indique un bien d'Etat, n'est pas en usage, et ce n'est pas par omission ou violation de la loi, mais par injonction de la loi. En effet, le décret du 6 novembre 1813, qui appelle les biens, dont il règle l'administration, *biens du clergé, biens que possède le clergé*, au lieu de confier au Domaine la conservation de ces biens, en donne la jouissance et l'administration aux évêques, sous la surveillance, il est vrai, du ministre des Cultes (1) ; mais cette dernière clause confirme notre thèse plutôt qu'elle ne l'infirme, car si l'Etat était propriétaire de ces biens, cette surveillance reviendrait de droit au ministre des Finances.

Pendant la vacance elle-même ce n'est point la régie des Domaines qui fait gérer provisoirement les biens et qui agit contre les héritiers du bénéficier pour le contraindre aux réparations usufruitières, c'est un commissaire spécial à qui est confié ce rôle et qui est nommé par le ministre des Cultes.

Nous savons bien que la régie des Domaines n'administre pas tous les biens de l'Etat affectés à des services spéciaux. Les immeubles affectés à la Guerre, par exemple, sont régis par la Guerre. Mais si l'on peut nous opposer ce fait pour rejeter nos conclusions, il n'en reste pas moins une sérieuse présomption, surtout quand elle se présente étayée par tout un ensemble de preuves que l'on ne peut rejeter sans la plus insigne mauvaise foi.

Les réparations ? C'est là une autre face de l'objection qui nous est opposée, et, pour nos adversaires, c'est le signe certain des droits de l'Etat sur les biens qu'il entretient et qu'il répare.

(1) *Décret du 6 novembre 1813.*

L'Etat est chargé des réparations des édifices concordataires, donc il en est le propriétaire.

Soit. Admettons le principe, sous bénéfice d'inventaire, et appliquons-le.

Tantôt l'Etat, tantôt le Département, parfois la Commune, plus souvent encore les Fabriques, concourent à l'entretien, aux réparations des édifices concordataires. L'Etat, le Département, la Commune et la Fabrique seraient donc à la fois propriétaires du même édifice. Chacun répare, donc chacun a le droit de dire : « Je répare, donc c'est à moi. » Admettez-vous la conclusion ? Non. Car elle apparaît évidemment contraire au bon sens, tellement elle est hasardée et sans fondement en droit. Rejetez donc les prémisses, à savoir que la charge des réparations est le signe de la propriété.

De 1801 à 1825, les départements ont supporté les frais de réparation des cathédrales. Après cette époque, c'est l'Etat. L'Etat n'aurait donc pas été propriétaire de ces édifices, du moins jusqu'en 1825? Ses droits auraient commencé en 1826?

Mais s'il est devenu à cette époque propriétaire, il a dû y avoir transmission de propriété du Département à l'Etat, avec titres et actes : aliénation d'une part, acquisition de l'autre. Or, il n'y a pas trace de titres ni d'actes; pas même un soupçon quelconque de transaction entre les intéressés. Il y a simplement des arrêtés, décrets ou lois déclarant que la charge des réparations passe de l'un à l'autre.

Une transmission de propriété de la main à la main, de cette importance, serait doublement illégale. Et qu'est-ce qu'un droit de propriété aussi facilement transmissible et reposant sur de telles bases? Un droit qui passe de l'un à l'autre sans aucune des formalités juridiques qui garantissent la légalité des mutations?

Ce droit est d'une nature si particulière, il revêt des formes tellement extraordinaires qu'il ressemble fort à l'absence de tout droit.

Et il en est bien ainsi. Impossible d'expliquer autrement ces bizarreries. Les obligations transmises de l'un à l'autre, de l'Etat au Département, du Département à la Commune, et *vice versa*, prouvent qu'il y a charge et non pas qu'il y ait droit.

Charge? Oui. Droit de propriété? Non. C'est là notre système, reposant non pas sur l'arbitraire ou le bon plaisir, mais sur la nature des faits et le sens naturel des textes. Système où tout est clair, où tout est net et logique.

L'entretien des édifices diocésains n'est qu'une des nombreuses manières dont l'Etat acquitte l'indemnité promise par le Concordat. Une partie des biens du clergé étant restée aux mains de l'Etat, tout ce que l'Etat fait pour l'Eglise, traitements,

entretiens, réparations, reconstructions ou constructions, est le paiement d'une dette, une compensation, une restitution, de l'Etat envers l'Eglise.

Il ne s'acquitte pas toujours lui-même de ses
obligations personnelles. Il rejette parfois sur d'autres épaules un fardeau qui est sien. Il se décharge
sur les petits Etats qui sont dans l'Etat, sur le
Département et sur la Commune. Mais peu importe
qui solde sa dette, — cela regarde l'Etat débiteur;
elle n'en reste pas moins une dette, une dette de la
société civile envers la société religieuse.

On ne saurait donc pas s'étonner que toutes les
parties de la société civile concourent au paiement
de cette dette. Ce concours en révèle la nature et
confirme une fois de plus la vraie doctrine : c'est la
reconnaissance, dans la pratique, des droits légaux
de l'Eglise à la propriété des biens concordataires.

Que les juristes césariens le veuillent ou ne le
veuillent pas, il n'y a pas d'autre interprétation
raisonnable, logique. S'ils nient, ils sortent du bon
sens : ils nient contre toute évidence. La vérité
n'en est pas moins de notre côté.

Notre doctrine trouve une nouvelle confirmation
dans la façon dont l'Etat exproprie les établissements ecclésiastiques. Si les Fabriques sont propriétaires des édifices concordataires, elles ne peuvent
être expropriées qu'avec les formes autorisées pour

exproprier les propriétaires d'un établissement public, personnes capables de posséder : procès-verbaux *de commodo* et *incommodo*, oppositions permises à l'intéressé, instruites et jugées contra-dictoirement, indemnité préalable accordée.

De fait l'Etat procède ainsi, dans le cas de l'ex-propriation nécessaire, et, en agissant de la sorte, il conserve pratiquement le droit de l'Eglise.

Mais ces biens ecclésiastiques, autrefois du Do-maine national en vertu de la remise qui en a été faite à la nation, l'Etat les a fait passer dans le Domaine public, depuis le Concordat. Que signifie cette transmission ?

Elle n'est pas une confirmation des droits de l'Etat sur ces biens. Bien au contraire. Entendons le témoignage d'un maître en droit administratif : « Le classement des églises dans le domaine public, dit Ducrocq, ne doit pas s'entendre d'un véritable droit de propriété (1). »

Qu'est-ce donc ? C'est d'abord « mettre hors du commerce » ces biens ; c'est, ensuite, déclarer sim-plement à qui reviennent les charges d'entretien des édifices ; si les biens sont classés dans le Domaine public national, ils peuvent être entretenus par l'Etat ; s'ils sont classés dans le Domaine public

(1) Ducrocq, *Cours de droit administratif*, t. II, 553.

communal, ils peuvent être entretenus par la commune.

Mais encore une fois « ce classement ne doit pas
s'entendre d'un vrai droit de propriété ».

« Les départements compris dans un diocèse
sont tenus envers la fabrique de la cathédrale aux
mêmes obligations que les communes envers les
fabriques paroissiales (1) ».

Et c'est tout. C'est l'article 105 du décret du
30 décembre 1809. Il donne le sens du classement
des églises dans le Domaine public; il reconnaît
des obligations et non un droit.

C'est pour avoir pris ce caractère de domanialité
dans un sens trop strict et trop absolu, que les
légistes, toujours prêts à flatter César, ont déclaré
que les biens concordataires étaient propriété de
l'Etat.

C'est pour la même raison qu'ils opposent, avec
un air de triomphe, à notre doctrine, les décisions
du fameux avis du Conseil d'Etat du 6 pluviôse
an XIII.

A cette date, le Conseil d'Etat décida que les églises
et presbytères étaient des propriétés commu-
nales (2).

---

(1) *Décret du 30 décembre 1809, article 105.*
(2) *Avis du Conseil d'Etat du 6 pluviôse an XIII.*

« Comment, disent nos adversaires, concilier cette décision avec votre théorie ? »

La réponse est facile.

Nous pourrions tout d'abord opposer cette décision au contrat solennel passé entre l'Eglise et l'État, au Concordat qui a force de loi. Très légitimement, nous avons le droit de déclarer nulle cette décision si elle est en contradiction avec cette loi. Légalement cela suffirait.

Mais nous ne nous en tiendrons pas là.

Et d'abord, nous ferons remarquer que cet avis du Conseil d'Etat établirait tout au moins que les églises concordataires ne sont pas propriété de l'État. Si elles sont propriété communale, elles ne peuvent en même temps être propriété du Domaine national. Elles ne peuvent avoir deux propriétaires. C'est déjà un point important, bien établi en s'appuyant sur la décision elle-même du Conseil d'État.

Aussi bien la décision du Conseil d'Etat est d'accord avec la jurisprudence. On peut dire qu'il y a unanimité de la part de la jurisprudence pour nier le droit de propriété de l'État.

Voyons, maintenant, si réellement l'avis du Conseil d'État prouve que les églises concordataires sont propriété de la commune. Il est ainsi conçu :

« Les communes sont devenues propriétaires des

églises...qui leur ont été abandonnées en exécution de la loi du 18 germinal an X (1). »

Ce qui est piquant, c'est que la loi du 18 germinal an X, autrement dit la loi qui a appliqué le Concordat, aurait constitué les Communes propriétaires des églises concordataires.

Examinons.

C'est la dernière partie de notre longue étude. Elle ne demande pas moins d'attention que les précédentes, car la question est d'une importance qui ne peut échapper à personne.

(1) *Avis du Conseil d'État du 6 pluviôse an XIII.*

CHAPITRE XI

La législation subséquente prouve que les biens rendus à l'Eglise par le Concordat ne sont pas la propriété des Communes.

Il faut noter tout d'abord que l'avis du Conseil d'Etat du 6 *pluviôse an XIII*, sur lequel se fondent les prétentions des Communes, n'est pas une loi. Il n'est pas une loi et il est en contradiction avec les lois qui régissent la matière. De plus, il a été implicitement abrogé par des actes législatifs postérieurs.

La Cour de Cassation, dans son arrêt du 6 novembre 1806, n'en tient aucun compte (1).

Beaucoup plus tard, il est vrai, le 3 novembre 1836, un nouvel avis du Conseil d'Etat, concernant les presbytères (2), confirma l'arrêt du 6 pluviôse an XIII, mais un document d'une autorité supérieure, l'ordonnance du 6 mars 1825, se présentant entre ces deux avis, les contredit et les infirme (3).

(1) Arrêt de la Cour de Cassation du *6 novembre 1806*.
(2) Avis du Conseil d'Etat du *3 novembre 1836*.
(3) Ordonnance du *6 mars 1825*.

Aussi bien faut-il remarquer que, des deux déclarations du Conseil d'Etat, la plus ancienne fut
faite par opposition à l'Etat et non aux Fabriques.
En l'an XIII, c'est-à-dire en 1805, les Fabriques
n'existaient pas encore. Elles n'avaient pas été
constituées. Ce n'était donc pas les Fabriques qui
étaient en cause, ce n'est pas à elles que le Conseil
d'Etat déniait la propriété des églises concordataires, mais à l'Etat, en déclarant qu'il n'était pas
propriétaire des églises et presbytères restitués.

« Depuis, dit le comte de Montalembert, les
Fabriques ayant été constituées entièrement indépendantes des Communes, c'est à elles que la propriété a été reconnue par la jurisprudence (1). »

L'avis du Conseil d'Etat, 6 pluviôse an XIII, ne
marque qu'un état transitoire, en attendant la
constitution des Fabriques, véritables propriétaires
aux yeux de la loi.

Ce n'est pas gratuitement, pour le besoin de
notre cause, que nous affirmons cet état transitoire, mais pour parler comme la Cour de Cassation, qui disait le 7 juillet 1840 : « L'usage de ces
édifices concédés aux Communes par la loi du
6 pluviôse an XIII était provisoire (2). »

Il ne s'agit donc que d'un usage, qui fut lui-

(1) Montalembert. Discours à la *Chambre des Pairs*, mai *1837*.
(2) Cour de Cassation, arrêt du *7 juillet 1840*.

même retiré aux Communes par les décrets des 3o mai et 3r juillet 1806 (1), par la décision du ministre des Cultes du 7 février 1807 (2), par les décrets des 17 mars et 3o décembre 1809 (3) et par celui des 28 mars 1820 (4).

C'est là ce qui explique la décision prise par Portalis : « Les fondations, faites par diverses personnes pour les frais du culte, doivent être faites aux Communes à la charge d'en appliquer les produits à leur pieuse destination. » Il ajoute que « si ces biens étaient acceptés par les Communes, cependant ils étaient sous l'inspection des évêques ; qu'ils ne pouvaient être distraits de leur destination et qu'en réalité *les biens consacrés à la religion n'appartenaient à personne.* »

A personne, en attendant les Fabriques, qui, une fois constituées, se les approprieraient légalement. L'Etat détenteur de ces biens, avant toute organisation légale du culte, en a disposé, suivant les clauses du Concordat, pour le rétablissement du culte.

Comme la Commune préexistait à la Paroisse, l'Etat les remit tout d'abord à la Commune en leur assignant une destination inaliénable : c'est un

(1) Décrets des *3o mai* et *31 juillet 1806.*
(2) Décision du ministre des Cultes *du 7 février 1807.*
(3) Décrets des *17 mars* et *3o décembre 1809.*
(4) Décret du *28 mars 1820.*

tuteur provisoire donné à l'Eglise propriétaire et maintenue en minorité.

Mais une fois la Paroisse constituée et devenue capable d'administrer ses biens par l'entremise des Fabriques rétablies, les biens confiés par l'Etat aux Communes furent reconnus propriété de la Fabrique et celle-ci exerça tous les droits qui sont l'apanage de la propriété.

Tout cela est une fiction juridique, et quel que soit le mode légal voulu et imposé par le législateur, il n'en reste pas moins que ces biens d'une nature ecclésiastique, et inaliénables à cause de leur destination, sont la propriété de la société religieuse qui en jouit, qui en bénéficie, autrement dit de l'Eglise.

C'est tellement dans la nature des choses qu'un auteur catholique, fort versé dans la question des rapports de la société religieuse avec la société civile, admet que « la simple mise à la disposition de la nation des biens ecclésiastiques, pour subvenir à des fins déterminées », — à l'exercice du culte — sous la surveillance d'une administration quelconque, ayant pour fin de constituer un fonds de religion français, n'empêchait pas « les biens incorporés de continuer d'avoir pour propriétaire *vrai* l'Eglise (1) ».

(1) Horoy, *Des Rapports du sacerdoce avec l'autorité civile au point de vue légal*, t. II, p. 267.

Nous avouons, sans inquiétude et sans embarras, que la jurisprudence est très variable dans l'attribution du droit de propriété soit aux Communes, soit à l'Etat, soit aux Fabriques. Elle est sans cesse en contradiction avec elle-même. C'est une girouette tournant à tous les vents. Ces contradictions sont un aveu : dans une certaine mesure, elles sont en faveur de notre doctrine, car si les prétentions de l'Etat étaient fondées, ces déclarations contradictoires ne se produiraient pas.

Si l'Etat était parfaitement sûr de ses droits, nous ne constaterions pas de pareilles fluctuations.

A-t-on jamais vu un propriétaire, dont les titres sont certains, douter, hésiter, dire oui, puis non, désigner ses biens comme appartenant à tel membre de sa famille, puis à tel autre, et finalement déclarer que ses biens ne sont à personne. C'est le cas ; telles sont les palinodies de l'Etat, y compris la déclaration de Portalis : « Les biens consacrés à la religion n'appartiennent à personne. »

Le Conseil d'Etat est en général favorable aux Communes (1), mais la Cour de Cassation penche plutôt du côté des Fabriques.

Parfois une troisième opinion se fait jour, opinion assez singulière, et qui, par sa singularité même, confirme implicitement les prétentions légi-

(1) Décision du Conseil d'Etat *du 31 juillet 1838.*

limes des Fabriques. La Cour de Cassation reconnaît que la propriété absolue des édifices religieux
n'est attribuable exclusivement ni aux Communes,
ni aux Fabriques. Est-ce que dans son idée elle
serait attribuable à toutes les deux? Cependant,
ajoute-t-elle, « les édifices consacrés au culte sont
plus spécialement confiés à la surveillance des
Fabriques, qui ont la faculté et le devoir de les
défendre contre tout envahissement (1) ».

Cette jurisprudence se rapprocherait de la doctrine plus radicale de Portalis, ministre des cultes,
qui, renouvelant ses déclarations antérieurs, écrivait
à l'évêque de Gand, le 18 mai 1803 :

« Les biens consacrés à la religion n'appartien-
ment à personne et ne peuvent être distraits de la
destination qui leur a été assignée que par le donateur (2). »

A personne! Cela veut dire : « Nous ne voulons
pas reconnaître que ces biens sont la propriété de
l'Eglise, nous ne pouvons pas prétendre qu'ils
appartiennent à l'Etat, au Département ou à la
Commune, alors nous disons qu'ils ne sont à personne. »

Singulière doctrine, il faut bien l'avouer. Des
biens sans maître! Ou, si l'on veut, des biens dont

(1) Décision de la Cour de Cassation, du 7 juillet 1840.
(2) Lettre de Portalis à l'évêque de Gand, 18 mars 1803.

les maîtres ont disparu parfois depuis des siècles, maîtres qui sont des donateurs, qui ont en conséquence fait leur don, mais à qui ? à personne.

Ce système est d'autant plus extraordinaire que son auteur, après avoir déclaré que les biens consacrés à la religion ne sont à personne, écrit qu'ils ne peuvent être distraits de la destination qui leur a été assignée par le donateur. Doivent-ils se défendre eux-mêmes ?

Malgré tout, cette opinion, bien que « contraire au droit historique, au droit naturel et au droit ecclésiastique », est moins dangereuse pour l'avenir de l'Eglise que « ce principe injuste et funeste d'où il résulterait qu'un décret du gouvernement pourrait attribuer aux protestants des édifices construits par le bras et l'argent des catholiques... justification des principes de la Commune, s'emparant des églises pour y établir des clubs et pour les mettre à l'encan (1) ».

Quoi qu'il en soit, ni l'une ni l'autre de ces doctrines bizarres n'est d'accord avec la législation des biens ecclésiastiques, ni avec l'interprétation saine et intelligente de cette législation.

Tout s'explique, au contraire, si l'on admet que l'Etat a transmis aux Communes, non pas ses droits mais ses devoirs ; non pas sa propriété, qui n'est

(1) Ravelet. *Manuel des lois civiles ecclésiastiques.* 1873, p. 137.

pas fondée en droit, mais ses charges : les appelant à concourir aux obligations contractées par la signature du Concordat, à prendre leur part dans le paiement de l'indemnité promise — indemnité qui se solde aussi bien par les traitements des ministres du culte que par les frais d'entretien du culte, les réparations et la construction des édifices religieux nécessaires au culte.

La loi ne repousse pas l'idée qu'il y a charges, puisqu'elle qualifie les obligations des Communes en employant le mot. On lit dans le décret de 1809, article 92 : « Les *charges* des Communes relativement au culte sont : 1º de suppléer à l'insuffisance des revenus de la Fabrique pour les *charges* portées en l'article 37. »

Dans ce même article ces charges ont, d'après la loi, un caractère d'indemnité : car les Communes sont tenues « de fournir au curé ou desservant un presbytère ou, à défaut de presbytère et de logement, une *indemnité* pécuniaire (1). »

Oui, tout ne devient clair, lumineux et logique que si l'on reste dans le domaine des faits et que si l'on admet une créance de l'Eglise, dont l'Etat est le débiteur : en vertu de laquelle l'Etat est chargé d'entretenir et de fournir les édifices nécessaires au culte. La Commune n'intervient que

(1) *Décret du 30 décembre 1809, article 92.*

parce que l'Etat le veut ainsi, que par ce qu'il lui impose la charge d'acquitter ses obligations ; il ne peut lui communiquer des droits qu'il n'a pas, mais il lui fait passer ce qu'il a, c'est-à-dire des charges.

Rappelons, par exemple, la loi du 18 juillet 1837, qui impose aux Communes des dépenses obligatoires et met à leur charge une partie des frais du culte.

La loi dit : « *Sont obligatoires les dépenses suivantes des Communes* : l'indemnité de logement aux curés et desservants et autres ministres du culte, lorsqu'il n'existe pas de bâtiments affectés à leur logement ; — les secours aux Fabriques des églises et autres administrations préposées au culte, en cas d'insuffisance de leurs revenus justifiée par leurs comptes et budgets ; les grosses réparations…, etc… (1). »

N'est-ce pas là l'exécution du Concordat ? Mais c'est en même temps l'Etat se déchargeant sur les Communes d'une partie des obligations qu'il a contractées ? Ne dirait-on pas qu'on est en présence d'un débiteur dans l'embarras qui impose le paiement de ses dettes à un inférieur qui lui est soumis ? Après tout, c'est son affaire. Ce n'est pas avec les Communes que le Concordat a été signé.

(1) Loi du *18 juillet 1837*. — Cf. Décision de la cour de Dijon, *1er juillet 1837*, de la Cour de Cassation, *7 janvier 1839*.

c'est avec l'Etat. Aussi bien les Communes sont de petits États dans l'État, et si elles ne remplissaient pas les charges, après avoir été substituées à l'Etat, l'Etat serait toujours responsable.

Ce n'est pas tout. Certaines bizarreries dans la façon d'agir de l'Administration à l'égard des Communes et des Fabriques jettent un nouveau jour sur la question par leur bizarrerie même.

Ainsi l'Administration déclare que si une ancienne église supprimée, devenue formellement la propriété des Fabriques par les décrets des 30 mai et 31 juillet 1806, est érigée de nouveau en succursale, elle cesse d'être dite la propriété de la Fabrique et elle est dite propriété communale. Par contre, si une église est supprimée dans l'avenir comme édifice nécessaire au culte, elle deviendra la propriété de la Fabrique dans la circonscription de laquelle elle se trouve (1).

N'est-ce pas original ? Pourquoi ce jeu de raquette? Quelle en est la règle? Mais tout s'explique si l'on admet que l'ancienne église supprimée, devenant succursale, passe aux mains de la Commune, afin que celle-ci l'entretienne, la Commune ayant reçu cette charge de l'Etat. L'église lui est

(1) Avis du Comité de législation du Conseil d'Etat, du *12 février 1841.* Bulletin de l'Intérieur. 1858, n° 25. — Lettre ministérielle du *28 février 1838.*

remise uniquement pour qu'elle veille au bon état que nécessite sa destination. Et ce qui prouve que la Commune n'a que des devoirs envers elle, c'est que si l'église est supprimée comme n'étant plus nécessaire au culte, elle passe aux mains de la Fabrique.

Tout s'explique dans ce second cas comme dans le premier : l'église supprimée passe à la Fabrique parce que, cette église n'étant plus nécessaire au culte, l'Etat, et par là même la Commune, ne sont plus obligés de l'entretenir. L'obligation et les charges sont limitées par les clauses du Concordat.

Il ressort donc de l'étude de ces décrets, au premier abord, et avant toute réflexion, si peu logiques, qu'ils sont conformes à la réalité des choses. Lorsqu'il y a charges, la Commune est désignée pour les supporter; lorsqu'il y a simple profit, c'est le vrai propriétaire qui est mis en cause, comme de juste, et il en bénéficie. La pratique de l'Administration est ainsi d'accord avec les vrais principes.

Voici encore une autre disposition qui ne peut se comprendre, si la Commune est réellement propriétaire des édifices religieux. Les grosses réparations de ces édifices sont à la charge des Communes, mais seulement à défaut des Fabriques.

Les Fabriques doivent commencer par y subvenir avec ce qui reste de disponible dans leurs revenus. C'est en cas d'insuffisance de ces revenus que les Communes sont obligées d'intervenir.

Si les charges indiquent le droit de propriété, où serait le droit de propriété? Il est entièrement du côté des Fabriques : la Commune n'intervenant qu'à la dernière extrémité et en raison de l'utilité que ses membres retirent de l'usage des édifices religieux, et parce que la Commune, substituée à l'Etat, doit remplir les engagements pris et supporter les charges.

Au lieu de prétendre que le droit de propriété est exclusivement du côté des Communes, si l'on n'admet pas qu'il soit du côté des Fabriques, il serait du moins plus rationnel, d'après ce que nous venons de lire dans les textes juridiques, de déclarer qu'il est des deux côtés, qu'il y a co-propriété. Ce système, sans être dans la vérité, s'en rapprocherait.

En pratique, l'Administration semble assez souvent se rattacher à cette doctrine de la co-propriété, qui a été admise par quelques juristes. L'Administration statue que lorsque la Fabrique supporte la plus grande partie de la dépense, elle peut entreprendre et diriger les travaux *malgré l'opposition du Conseil municipal*, bien que les constructions nouvelles restent, comme l'église, propriété de la Commune (1). Et inversement, le même arrêt du Conseil d'Etat déclare que lorsque la Commune fournit une subvention égale ou supérieure à celle que fournit la Fabrique, c'est le maire qui a la direction des travaux, bien que la Fabrique ait la surveillance de ces mêmes travaux.

Une décision du ministre de l'Instruction publique et des Cultes est d'accord avec les prescriptions précédentes, lorsqu'elle règle que les matériaux et débris provenant des réparations faites à l'église doivent être attribués à la Commune ou à la Fabrique selon que l'une ou l'autre a fait la dépense des réparations (2).

On trouve encore dans l'arsenal des décisions ministérielles une sorte de jugement de Salomon, en harmonie avec les documents précédents. Si la Commune et la Fabrique ont contribué toutes deux aux réparations et dans la même proportion, le produit des démolitions doit être partagé (3).

Y aurait-il donc réellement co-propriété ? Nous ne le pensons pas. Nous croyons au contraire que le droit légal des Fabriques s'affirme au milieu de ces palinodies. Si nous avons fait allusion à la doc-

(1) Arrêt du Conseil d'Etat du *7 mai 1865*.
(2) Décision ministérielle du *6 novembre 1860*.
(3) Décision ministérielle du *19 novembre 1853*.

trine de la co-propriété, notre but était de faire
ressortir une fois de plus l'incertitude avouée et
les contradictions voulues de la jurisprudence (1).

Non, nous n'admettons pas la co-propriété et
avec un jurisconsulte éclairé nous disons que « sans
avoir besoin de faire appel au droit naturel, qui
ordonne de restituer le bien à celui qui en a été
injustement dépouillé, nous affirmons le droit de
propriété des Fabriques, en nous en tenant uniquement à une saine interprétation des lois et des
décrets qui ont ordonné la remise des biens concordataires ». En effet « la restitution a dû être faite
aux Paroisses et non aux Communes, puisque ce
sont les Paroisses qui ont été dépouillées ».

C'est ce que reconnaît formellement le décret du
31 juillet 1806, qui restitue aux Fabriques les biens
des églises supprimées en donnant le juste motif de
cette restitution : « Considérant, porte ce décret,
que c'est une mesure de justice que le gouvernement
a adoptée, pour que le service des églises supprimées fût continué dans les églises conservées et
pour que les intentions des donateurs ou des fondateurs fussent remplies... nous avons décrété,
etc. (2). »

(1) Arrêt de la Cour de Bordeaux du *6 février 1838.*
(2) Corbière, *le Droit privé administratif et public dans ses
rapports avec la conscience et le culte catholique,* t. II, p. 277.

Interpréter ce décret dans un sens favorable au droit de propriété des Communes serait aller contre l'évidence elle-même.

Nous n'ignorons pas que c'est l'opinion de Ducrocq et il y a de quoi s'étonner. Il dit : « Ce n'est que par l'arrêté du 7 thermidor an XI que les Fabriques ont été dotées, et ce qui prouve que ni le Concordat, ni les Articles Organiques, ni l'arrêté de l'an XI ne leur conféraient aucun des anciens édifices religieux, c'est qu'il a fallu un décret du 30 mai 1806 pour leur attribuer les églises et presbytères conservés (1). »

Singulière induction ! De ce qu'un décret postérieur restitue les églises et presbytères supprimés, il s'en suit que les églises et presbytères conservés n'ont pas été restitués.

Les églises et presbytères supprimés sont bien aux Fabriques. C'est un fait acquis. Et les églises et presbytères conservés, à qui seraient-ils ? A la Commune ? Bien loin d'avoir un fondement, cette conclusion contredit les considérants du décret du 31 juillet 1806.

En effet, comme le dit ce décret cité plus haut, l'État rend les églises supprimées afin que la volonté des donateurs soit respectée, « pour que les intentions des donateurs et des fondateurs fussent rem-

____

(1) Ducrocq, *Cours de droit administratif*, t. II, p. 552.

plies », mais les églises conservées ont été fondées
également avec des intentions expresses, qui
n'avaient certainement pas l'Etat pour objectif, ou
la Commune à défaut de l'Etat : par conséquent,
restituer une partie et non le tout, restituer l'ac-
cessoire et non le principal, restituer les églises
supprimées et non les églises conservées, en vue
du respect des intentions des donateurs et fondateurs, ce serait dire à la fois : Je respecte et je viole
la volonté des donateurs et fondateurs. Est-ce
admissible? Que Ducrocq explique ces contradictions !

« Si nous examinons la question, conclut Corbière, d'après les termes dont les décrets se sont
servis, d'après l'esprit du législateur et d'après le
but de la remise, il sera encore évident que ce sont
les Fabriques qui sont propriétaires. Car il est bien
parlé de remettre les biens aux évêques, aux cures,
aux paroisses, mais il n'est jamais question des
maires ni des Communes. Que se proposait le
législateur? De réorganiser le culte. Il est même à
remarquer que l'article 75 de la loi du 18 germinal
an X, portant remise des édifices antérieurement
destinés au culte, se trouve dans les articles dits
organiques du Concordat; or, dans le Concordat
devenu loi d'Etat, toutes les églises cathédrales et
paroissiales doivent être remises à la disposition

des évêques. Il est donc bien étrange qu'on fasse aujourd'hui intervenir les maires (1) ! »

« Aujourd'hui ! » Ce mot laisse entrevoir un nouveau côté de la question. Aujourd'hui ! C'est qu'en effet la doctrine est nouvelle. Elle est vraiment née dans les mauvais jours du gouvernement de Juillet.

Mais, aussitôt née, elle fut étouffée. Le coup de mort lui fut donné, comme nous l'avons déjà dit, par l'arrêt de la Cour de Cassation du 6 décembre 1836. La Cour royale de Nancy avait déclaré que les Communes n'étaient pas propriétaires des églises. A cette déclaration motivée, la Cour royale de Paris, le 20 décembre 1835, avait répondu par la thèse contraire, mais la Cour de Cassation, intervenant, contredit la Cour royale de Paris (2). Dans ce chassé-croisé elle eut le dernier mot.

Il est nécessaire de corroborer cette doctrine par une dernière observation, qui plaide bien mal en faveur du prétendu droit de propriété des Communes.

Il est à remarquer, en effet, que les Communes ne peuvent exercer sur les églises concordataires aucun des privilèges qui sont attachés à la propriété. Comment alors pourraient-elles se dire proprié-

____

(1) Corbière, *le Droit privé, administratif et public dans ses rapports avec la conscience et le culte catholique*, t. II, p. 277.
(2) Arrêt de la Cour de Cassation du 6 décembre 1836.

taires ? D'après le Code civil lui-même, de l'impossibilité à exercer le droit, il faut conclure à la négation du droit lui-même (1).

La propriété confère par elle-même, par sa nature,
comme conséquence essentielle, l'exercice de trois
droits différents et corrélatifs :

1° Le propriétaire jouit de la chose ;

2° Il interdit la jouissance aux autres ;

3° Il dispose de sa propriété.

Ces droits peuvent exister alors même que le
propriétaire n'est pas actuellement susceptible de
les réduire lui-même en acte, mais dans ce cas ils
sont exercés par un intermédiaire. Si le propriétaire ne peut exercer aucun de ces droits, même
par un tiers, par le fait même il cesse d'être propriétaire. Or, il en est ainsi de la Commune à l'égard
des biens ecclésiastiques.

La Commune ne perçoit pas les produits des biens
de l'église. Elle ne jouit pas de ces biens. C'est la
Fabrique qui les administre et qui en profite.

L'article 68 du décret de 1809 est ainsi conçu :
« Les maisons et les ruraux appartenant à la Fabrique seront affermés, régis et administrés par le
bureau des marguilliers, dans la forme déterminée
pour les biens communaux (2). » C'est sur cet

(1) Code civil, art. 544. — Cf. Affre, *Traité des biens ecclésiastiques.*

(2) *Décret de 1809, article 68.*

article qu'on s'appuie pour formuler une théorie assez originale qui voudrait faire des Fabriques une Commune ecclésiastique parallèle à la Commune civile et relevant du préfet, à l'instar de la communauté civile. Il est vrai que la loi civile, dans ses relations avec la Paroisse agissant quant aux biens, assimile la Paroisse à la Commune, mais elle ne les identifie pas plus qu'elle ne les accouple sous l'autorité préfectorale. L'église accepte de fonctionner avec l'aide ou l'assistance de la société civile, mais dans une certaine mesure et dans les limites déjà tracées : la loi regarde comme propriétaires soumis à la tutelle administrative les paroisses, les cures, les menses épiscopales, en leur reconnaissant la personnalité civile, et elle ne leur enlève pas leur vie propre. Le décret du 30 décembre 1809 a précisément pour but d'établir en faveur des paroisses une administration indépendante de la Commune, reconnaissant les Fabriques comme établissements publics.

A moins donc d'admettre que la Fabrique administre au nom de la Commune, on ne voit pas comment la Commune peut défendre ses prétendus droits.

On répond à cela : « Mais la propriété est à la Commune qui cède l'usufruit et l'administration de ses biens à la Fabrique. » Je demande alors quelle loi a réglé ainsi les choses ? Il n'y en a pas trace.

A défaut de loi statuant dans ce sens et en nous appuyant sur une législation qui déclare le contraire, nous maintenons notre argumentation.

La Commune n'exerce pas son droit de propriétaire, la Fabrique agit comme propriétaire. Donc c'est la Fabrique qui a la propriété au point de vue légal.

Bien plus, la Commune ne retire aucune utilité des biens ecclésiastiques.

Ce sont les habitants, connus comme paroissiens et non comme membres de la Commune, qui jouissent et vivent de l'église. Si la Commune était propriétaire de l'église, tous les membres de la Commune devraient en profiter à ce titre, comme le voulait la loi du 10 juin 1793 (1).

Or les Articles Organiques eux-mêmes (2) défendent qu'on y exerce deux cultes différents : les juifs, les protestants, etc., bien que membres de la Commune, sont exclus de la jouissance de l'église. Les catholiques seuls y ont droit.

Les chemins, les terrains communaux sont propriété de la Commune, aussi tous les habitants, égaux en droit, en usent sans exception : mais les édifices religieux, n'ayant pas le même caractère,

(1) *Loi du 28 germinal an X, article 42.*
(2) *Articles Organiques, article 46.*

étant la propriété des Fabriques, sont mis par elle à la disposition des catholiques seuls. Aussi bien dans quelles contradictions tomberait la loi si la propriété des églises était communale !

La Commune n'a pas par elle-même un caractère religieux, tout ce qui la touche est profane, civil, laïque, pour employer une expression toute d'actualité. Or, la loi reconnaît à l'évêque, au curé et à la Fabrique le droit d'interdire tout usage, toute jouissance profane des édifices religieux. Bien plus, tous ceux qui ne sont pas paroissiens peuvent être mis à la porte de l'église. Ne serait-ce pas admettre que le propriétaire peut être mis hors de sa propriété ? ou qu'un étranger peut faire la police chez autrui ?

Il ne faudrait pas répondre qu'il en est de même pour tout édifice public affecté à un service spécial, et que, par conséquent, il n'y a rien d'anormal dans cette jouissance privilégiée permettant d'exclure de l'église les membres de la Commune qui ne sont pas catholiques. Pourquoi ne peut-on pas invoquer la parité ? Parce qu'elle mettrait l'administration en contradiction avec elle-même. Elle professe l'indifférentisme religieux, l'égalité de tous en droit, la liberté de conscience. Si la Commune est propriétaire des édifices religieux, la liberté de conscience, entendue à la façon des légistes,

demande qu'il ne soit pas fait de distinction entre
les citoyens, l'égalité demande qu'il n'y ait pas de
privilégiés. La loi distingue, elle accorde un privi-
lège. « Le même temple, dit-elle, ne pourra être
consacré qu'à un même culte (1). » Ou bien l'administration est en contradiction avec elle-même, ou
bien elle agit en vertu d'un autre principe. Elle
n'admet pas qu'elle soit en désaccord avec elle-
même, elle s'en défend, donc elle est avec la logique, elle respecte le droit de propriété des Fabriques
et, dans ce cas, tout est suivant la droite raison,
tout est correct. Il n'y a pas contradiction et nous
sommes d'accord.

Quelle confusion si les biens ecclésiastiques
étaient à la fois biens communaux !

La Commune a parfois plus d'extension que la
paroisse, ailleurs c'est la paroisse qui est plus
considérable que la Commune. La Fabrique ne peut
refuser la jouissance de l'église à ceux qui sont
de la paroisse, quoique hors de la Commune, mais
elle pourrait écarter les membres de la Commune
s'ils sont hors du territoire de la paroisse. Où
trouver le principe de ces distinctions sinon dans
le droit de propriété des Fabriques? Si on le cher-
chait dans le droit de propriété des Communes,
pour le coup ce droit s'exercerait d'une façon bien

(1) *Articles Organiques*, article 46.

extraordinaire : tantôt il s'étendrait au delà de toute
limite territoriale, tantôt il ne pourrait même pas
être exercé dans le territoire communal. Le bon
sens réclame énergiquement.

Il réclame encore lorsqu'il est constaté que la
Commune non seulement n'a pas l'usage des édifices religieux, mais qu'elle ne peut même pas
disposer de la propriété purement nominale sur
laquelle on prétend vainement qu'elle a des titres.
La Commune n'a pas le droit d'aliéner l'église.
Quand la paroisse cesse d'exister, la Commune,
même dans ce cas extrême, n'a pas le droit de
s'emparer de l'église et de l'approprier à son usage.

Le décret du 30 mai 1806 (1) dispose que les
paroisses conservées pourront échanger, aliéner à
leur profit les églises et presbytères des paroisses
supprimées. Nous avons déjà fait remarquer qu'il
était absolument illogique de supposer que la loi,
rendant la paroisse propriétaire d'une église non
nécessaire à son culte, avec faculté de la vendre et
de l'échanger, ait refusé à la même paroisse la propriété de son église, de celle qui est nécessaire au
culte. Comment admettre en effet que, la paroisse
disparue, ce soit la Fabrique de la paroisse conser-
vée qui dispose de l'église vacante, qui l'aliène ou

(1) *Décret du 30 mai 1806.*

l'échange, et que cette église, objet de sa transaction, soit la propriété de la Commune?

Singulier droit de propriété, en vérité, qui n'entraînerait avec lui ni jouissance, ni usage, qui donnerait aux autres la jouissance, qui, à défaut d'usufruitiers, transmettrait tous ses privilèges à des tiers, jusqu'à la libre disposition, jusqu'à l'aliénation par ces tiers du bien possédé! C'est très extraordinaire, pour ne rien dire de plus ! Nous ne sommes pas au bout de nos surprises.

Quelle bizarre répartition des droits, dans le cas où la commune serait propriétaire!

D'une part, l'église appartient à la Commune, et, d'autre part, les produits, les rentes, les biens-fonds, les legs, sont à la Fabrique. D'où il suit que la Fabrique, ayant le droit de percevoir les produits de l'église, ayant l'usage de l'église, ainsi que la propriété des biens-fonds qui lui sont donnés ou légués, n'a pas la propriété de l'édifice lui-même, de l'église.

A l'établissement religieux, à la paroisse, la propriété des biens que l'on peut appeler en un sens, biens profanes, la propriété des rentes, etc., à l'établissement profane, à la Commune, la propriété d'un bien essentiellement religieux, du temple, de l'église !

Vraiment, c'est faire la législation de notre pays

par trop déraisonnable! C'est vouloir, à tout prix,
lui donner une interprétation au rebours du sens
commun!

Nous ne sommes pas de ceux-là. Nous suivons
le texte de la loi, nous l'interprétons en dehors de
toute influence de parti, pour rester dans le bon
sens, fidèles à défendre les droits de l'Eglise,
comme à sauvegarder ceux de la raison.

« Je crois qu'en voilà assez, s'écrie le comte de
Montalembert après avoir fait lui-même en partie
le travail que nous venons de terminer, je crois
qu'en voilà assez pour prouver l'existence d'un
droit... Je ne veux pas entrer dans de longues dis-
sertations, ajoute-t-il... mais je me crois fondé à
dire que, quelles que soient les restrictions dont la
chicane puisse entraver ce droit, il entraîne toujours au moins celui de n'être pas mis à la porte
de chez soi sans forme de procès (1). »

(1) Montalembert, *Discours à la Chambre des Pairs, mai 1837.*

CONCLUSION

Ce procès, nous venons de l'instruire. Qu'il nous soit permis de jeter, en finissant, un coup d'œil rétrospectif. Connaissant plus parfaitement la matière du débat, il nous sera plus facile d'indiquer la source de toute la controverse, et de conclure.

Il y a controverse parce que la jurisprudence est hésitante, parce qu'elle est guidée par l'esprit de parti, au lieu d'être inspirée par l'esprit de la loi.

Elle ne veut pas reconnaître et admettre les droits imprescriptibles de l'Eglise catholique. Elle prétend profiter des concessions faites par l'Eglise pour la dépouiller, elle fausse le vrai sens de la loi concordataire. N'ayant plus de principes fixes et raisonnés, emportée par la passion, elle va à la dérive.

Tantôt elle regarde l'Etat ou la Commune comme propriétaire des biens ecclésiastiques concordataires, tantôt elle semble les priver de tout droit de propriété. On la voit même refuser ce droit aussi bien à l'Etat, aux Communes qu'aux établissements religieux.

L'ensemble de la législation qui régit les biens ecclésiastiques devrait inspirer une interprétation plus logique et plus raisonnable. Il n'en est rien.

La législation n'intervient que progressivement en vue d'organiser le culte, et c'est dans cette marche ascensionnelle, toujours plus marquée, il est vrai, en faveur des droits de l'Eglise, mais moins franche au début, qu'il faut voir une des principales causes des contradictions de la jurisprudence.

L'Etat, dans ses premières tentatives de réorganisation du culte, se croit obligé de garder les biens ecclésiastiques en main, aux mains de la nation, suivant son expression, puisqu'il n'y a encore, à ses yeux, aucune personne légale capable de recevoir ces biens : les Cures, les Menses épiscopales, les Fabriques, etc., n'étant pas encore constituées. L'Etat, au début, agit en administrateur des biens : il a les apparences du droit de propriété, il n'en a pas la réalité.

Lui-même, craignant de voir les affaires du culte et les établissements religieux se décentraliser, il procède avec circonspection, comme s'il redoutait les envahissements de l'Eglise. Il a promis cependant de la rétablir dans ses droits. Il est tenu de s'exécuter.

Son premier acte est de reconnaître des titulaires, c'est-à-dire des évêques, des curés, mais pas encore des Evêchés, des Diocèses, des Cures, des Fabriques. L'article 73 des Articles Organiques se borne à désigner l'évêque pour accepter les fondations, sans indiquer au nom de quel établissement cette acceptation doit avoir lieu. « Cette désignation de l'évêque, dit le commentateur officiel de la loi, n'a d'autre but que de permettre l'exécution des libéralités pieuses jusqu'à ce que les divers organes du culte catholique aient été constitués avec leurs attributions spéciales et en vue de leur mission particulière (1). »

Pendant ce temps, les édifices et biens rendus sont affectés à perpétuité au service religieux. L'Etat se dessaisit de ces immeubles sacrés et renonce à les reprendre, à les détourner de leur destination.

Le ministre des Cultes déclare qu'ils n'appartiennent à personne.

Ils sortent du domaine particulier de l'Etat pour entrer dans le domaine public, d'une façon indirecte.

« L'article 12 du Concordat de 1801, devenu loi de l'Etat par la loi du 18 germinal de l'an X, dit Ducrocq, sans classer directement les églises cathédrales et métropolitaines, les églises paroissiales et vicariales dans le domaine public, les met

_____

(1) Avis du Conseil d'Etat, *avril 1880.*

hors du commerce et les dote ainsi des divers
privilèges qui forment l'apanage de la domanialité
publique (1). »

Les églises deviennent alors inaliénables. Et si
la jurisprudence porte parfois qu'elles sont la propriété de l'Etat ou de la Commune, « cela ne doit
pas s'entendre d'un véritable droit de propriété,
dit Ducrocq, mais seulement du classement des
églises dans le domaine public (2) ».

Une fois engagé juridiquement à prendre soin
des églises sorties de son domaine pour entrer en
quelque façon dans le domaine public, l'Etat constitue légalement des établissements ecclésiatisques
capables de recevoir, d'administrer. Les biens
concordataires ne sont pas seuls remis à ces établissements, mais il en est d'autres qui leur sont
restitués. Non pas restitués avec une pleine indépendance dans leur administration, mais au même
titre que les autres établissements publics reconnus par la loi, c'est-à-dire « qu'ils sont autorisés,
dit Portalis, à posséder, à aliéner, à échanger,
sous la tutelle du gouvernement (3) ».

Ce mot explique tout. Il résume la législation
française touchant les biens concordataires. Il dé-

(1) Ducrocq, *Cours de droit administratif*, t. II, pp. 140-546.
(2) *Ibidem*, t. II, p. 553.
(3) Portalis, premier Président de la Cour de Cassation, *19 mai
1837*.

finit exactement la situation légale faite en France à l'église propriétaire. Le droit de propriété est donc exercé par l'Eglise de France avec une certaine dépendance vis-à-vis de l'Etat, mais il est réel. L'Eglise, tenue en minorité de par la volonté du plus fort, reçoit l'Etat pour tuteur.

Il est juste de dire avec un écrivain au sens droit, à la loyauté parfaite, que « c'est une tutelle d'un nouveau genre. Tandis que le devoir du tuteur est de favoriser les intérêts du pupille, l'Etat, tuteur imposé aux églises, n'a d'autre devoir, ce semble, que d'entraver leur prospérité, de les amener peu à peu à la ruine, en attendant qu'une nouvelle Constituante mette encore une fois leurs biens à la disposition de la nation (1) ».

Que l'Etat ait fort mal rempli les devoirs de sa tutelle, c'est un fait qui ne sera nié par aucun historien de bonne foi : aussi mériterait-il une déchéance.

« Par la nature même des choses, dit Horoy, l'autorité diocésaine est mieux placée pour exercer utilement et en connaissance de cause la tutelle administrative des Fabriques, tutelle qu'il ne faudrait pas supprimer, mais déplacer.

« La tutelle du Conseil de préfecture est en harmonie complète avec la situation des établissements

(1) Desjardins, S. J., *le Concordat*, p. 133.

publics qui sont placés sous l'autorité du préfet, dont le préfet dirige l'administration et règle le budget, mais ces deux points étant dans les attributions de l'évêque lorsqu'il est question des Fabriques, le même besoin d'une harmonie complète de la situation devrait faire prévaloir la tutelle de l'autorité diocésaine.

« Les attributions conférées au préfet et au Conseil de préfecture remontent à l'époque intermédiaire et antérieure à la création des Fabriques. » Ce serait donc une raison de plus d'admettre une réforme qui concilierait le bon sens et le droit.

Aussi bien l'Etat, par le Concordat, n'a pas rendu à l'Eglise tout ce qui lui appartenait. Il est devenu, de ce fait, son débiteur. Il a inscrit solennellement sa dette au Grand-Livre et dans la Constitution. Il l'acquittera par les traitements des ministres du culte, par l'entretien du culte et en particulier par la réparation et la construction des édifices nécessaires au culte. L'Etat, en gardant une partie des biens ecclésiastiques, confisqués contre tout droit, s'est imposé des devoirs envers l'Eglise. Il s'en déchargera, il est vrai, en partie, sur les Départements et sur les Communes ; il essaiera parfois de prétendre au bénéfice de la pure générosité ; il feindra d'oublier qu'il est débiteur et que l'Eglise a une créance imprescriptible ; il aspirera au droit et aux jouissances de la propriété sur les biens de l'Eglise, mais l'origine de ses devoirs et de ses charges lui sera toujours rappelée ; il se sentira lié, même aux heures de vertige révolutionnaire, à sa grande bienfaitrice, qui ne cessera pas d'être, en même temps, son éternelle créancière : l'Eglise catholique.

Ainsi le Concordat n'a pas fait une œuvre séparatrice, mais une œuvre d'union. L'Etat et l'Eglise, en le signant, se sont donné la main. L'Eglise a conservé ses droits supérieurs, elle s'est imposé de grands sacrifices inspirés par son amour pour la France, sa fille aînée ; en retour, l'Etat s'est trouvé engagé pour jamais : il a promis à l'Eglise sa protection, il a été amené à exercer sa tutelle dans l'administration des biens ecclésiastiques, mais il est lié par les devoirs les plus stricts envers sa bienfaitrice. Il a contracté une dette sacrée, dont l'Eglise seule peut le tenir quitte. Tout ce qu'il tentera pour échapper à ses obligations et à ses charges, sans le consentement de l'Eglise, sera nul de droit. Par le contrat solennel et bilatéral du 15 juillet 1801, l'Etat est devenu débiteur, tuteur et curateur de l'Eglise : non pas que l'Eglise ait été contrainte par les circonstances ou réduite par la force à abandonner ses droits ; mais l'union a été possible par un effet de sa condescendance et de sa libéralité.

L'Eglise et l'Etat ont suivi en cela, de fort loin, il est vrai, d'une manière très imparfaite, mais réellement, les traditions du passé, les traditions de la France où « depuis quatorze siècles, a dit éloquemment le grand évêque d'Angers, l'Eglise et l'Etat ont vécu dans des relations si étroites qu'ils se touchent par une infinité de côtés, s'enlaçant et se compénétrant si bien dans tous les sens (1) » qu'il est impossible de soulever une question commune à l'un et à l'autre, sans sentir quels déchirements amènerait leur séparation.

(1) Mgr Freppel, *Discours aux Angevins*, cité par *l'Association catholique*, t. XVIII, p. 743.

BIBLIOTHÈQUE NATIONALE R F IMPRIMÉS

Poitiers. — Imprimerie Blais et Roy, 7, rue Victor-Hugo, 7.

PARIS (VIe)
Librairie de P. LETHIELLEUX, Éditeur
22, rue Cassette, 22

L'HISTOIRE, LE TEXTE ET LA DESTINÉE

DU

CONCORDAT DE 1801

Par l'abbé SÉVESTRE

Ouvrage précédé des Lettres de S. E. le Cardinal Perraud, de NN. SS. Fuzet et Meunier, de MM. Emile Ollivier, Anatole Leroy-Beaulieu, de l'amiral de Cuverville, de MM. les abbés Lemire et Birot.

Fort volume in-8 carré (XXIV-702 pages)............ 6 fr.

Ce serait une erreur que de croire que le vote de la loi de séparation a mis fin en France aux discussions sur les rapports de l'Eglise et de l'Etat. Sans compter que cette question est partout et en tout temps plus ou moins débattue, il est à noter, comme l'a fait M. Méline dans son discours au Sénat du 6 décembre 1905, que le pays, d'ordinaire indifférent pendant la discussion des lois, « se réveille à leur application ». De plus, comme l'a démontré Pie X dans son Encyclique au peuple français du 11 février 1906, la séparation n'est pas une solution. Par conséquent les discussions, loin de cesser, vont devenir de jour en jour plus vives, plus passionnées, et peut-être plus confuses. Plus que jamais sur les questions qui sont agitées et sur les évènements qui se sont déroulés est nécessaire une étude d'ensemble écrite avec ordre, calme, modération et impartialité.

Or, telles sont les qualités du travail de M. l'Abbé Em. Sévestre. *L'Histoire, le texte et la destinée du Concordat de 1801*, comme on a été unanime à le reconnaître dans les lettres qui ont été envoyées à l'auteur et dans les nombreux articles parus en France et à l'étranger sur cet ouvrage, « ce livre excellent, » pour employer les expressions de M. Brunetière dans son magistral article sur la séparation (*Revue des Deux Mondes*, 1er décembre 1905).

P. LETHIELLEUX, Éditeur, 22, rue Cassette, PARIS (VI⁰)

L'HISTOIRE, LE TEXTE ET LA DESTINÉE DU CONCORDAT (Suite).

Pour bien faire comprendre les services que ce travail est appelé à rendre, il suffira de citer les lignes que lui a consacrées le *Journal des Débats* le 16 janvier 1906 :

« Cet ouvrage est, dit-il, historique et dogmatique ; il expose des faits et il en tire
« une doctrine. Il essaye, en étudiant les choses d'hier, d'éclairer celles d'aujourd'hui
« et de préparer celles de demain. La conscience et la documentation de l'auteur
« n'ont d'égale que la clarté de son exposition et de sa synthèse. Ce livre de foi est
« un livre de bonne foi qui aborde de front les questions les plus ardues pour tâcher
« de les résoudre. Les adversaires de l'auteur pourront n'être pas tous convaincus,
« mais il leur sera difficile de se passer de son livre : jamais, sur le Concordat et
« sur la vie religieuse qu'il fit à la France, de 1801 à 1905, on n'avait encore écrit
« un livre plus substantiel, plus complet, plus concis et mieux informé. La biblio-
« graphie du sujet s'étend jusqu'au milieu de 1905 : elle permet de mesurer l'énorme
« labeur que s'est imposé l'abbé Sévestre. Elle permettra aussi aux curieux de
« reprendre pour leur propre compte et à leur gré, tels points de l' « histoire concor-
« dataire » et de contrôler toutes les affirmations de l'auteur. »

SÉPARATION
DE
L'ÉGLISE ET DE L'ÉTAT
EN FRANCE
Par YVES DES BRUYÈRES

Brochure in-8... 0 fr.

CAS DE CONSCIENCE

LES CATHOLIQUES FRANÇAIS ET LA RÉPUBLIQUE
Par l'abbé Emmanuel BARBIER

Fort volume in-12 (iv-492 pp.).............................. 3 fr.

Cet ouvrage impartial, bourré de faits, d'une logique impitoyable, fait sensation. L'énoncé des chapitres suffit pour en indiquer tout l'intérêt.

TABLE DES MATIÈRES :

CHAPITRE PREMIER. Cas de conscience. — CH. II. Les droits de l'autorité pontificale. — CH. III. L'intervention pontificale de Léon XIII. — CH. IV. L'État de la France. CH. V. Les vues politiques de Léon XIII. — CH. VI. Les méprises. — CH. VII. L'idée du ralliement. Appendice. Le livre de M. l'abbé Dabry. — CH. VIII. Les causes de l'échec. — CH. IX. La résistance. Les moyens honnêtes et légaux. — CH. X. Les directions pontificales sous Pie X. — CH. XI. Solution. Conclusion. Appendice. Un article de M. l'abbé Gayraud. — Table des noms cités dans cet ouvrage.

J. GABALDA, LEUX, Éditeur, 10, rue Cassette, Paris (VIe)

L'ÉGLISE ET L'ÉTAT LAÏQUE

SÉPARATION OU ACCORD ?

ÉTUDE DE PRINCIPES

Par l'abbé **Bernard GAUDEAU**

Docteur ès-Lettres

Ancien Professeur de Théologie à l'Institut catholique de Paris

In-12 .... 1.00

Cet ouvrage, conçu dans un esprit à la fois très large et très ortho-
doxe, s'adressant à tous, est plein de vues neuves et profondes.
Tous les esprits droits et sérieux, à quelque opinion qu'ils appartiennent, trouveront ici, appuyée sur une doctrine positive et scientifi-
que, la solution modérée et raisonnable qui est au fond de leur propre
pensée, du problème religieux actuel, de la séparation de l'Église
et de l'État.
En un petit nombre de pages d'une éloquence lumineuse, ce volume
contient une substance et un fonds d'études extrêmement riches.
Non seulement aux travailleurs, aux hommes d'État, aux conférenciers,
mais à tous, catholiques ou libres-penseurs sincères, il sera indispensa-
ble d'avoir lu ces pages pénétrées d'un souffle de bonne foi et d'un
amour sincère de la science, de la raison et de la liberté.
En vengeant victorieusement les principes du droit chrétien,
l'auteur donne aux catholiques le moyen définitif de répondre loyalement,
sans embarras, à cette question toujours pressante de leurs adversaires :
« Vous nous demandez la liberté au nom de nos principes ; demain, si
vous étiez au pouvoir, ne nous la refuseriez-vous pas au nom des
vôtres ? »
En terminant cette lecture, il est impossible de se dérober à cette con-
viction que la séparation de l'Église et de l'État, en consacrant en
France l'irréligion obligatoire, consommerait un véritable « suicide
national ».

P. LETHIELLEUX, Éditeur, 10, rue Cassette, PARIS (VIᵉ)

EXPOSÉ MÉTHODIQUE

DE LA

LOI DE SÉPARATION

DES ÉGLISES ET DE L'ÉTAT

ÉTUDIÉE AU POINT DE VUE JURIDIQUE ET PRATIQUE

I. — Inventaire des biens.
II. — Pensions et allocations.

Par **M. C. MONNOT**, Avocat, Docteur en droit

In-8 carré .... **2 fr.**

LES

DROITS DU CLERGÉ DE FRANCE

D'APRÈS LES LOIS DE LA RÉVOLUTION ET LE CONCORDAT

I. — État de l'Église en France en 1789.
II. — Le Concordat.

Par Ernest **MENUISIER**, Docteur en Droit canon,
Ancien élève de la Minerve,
de la Sapience et du Collège romain

In-4° carré, sur trois colonnes .... 50

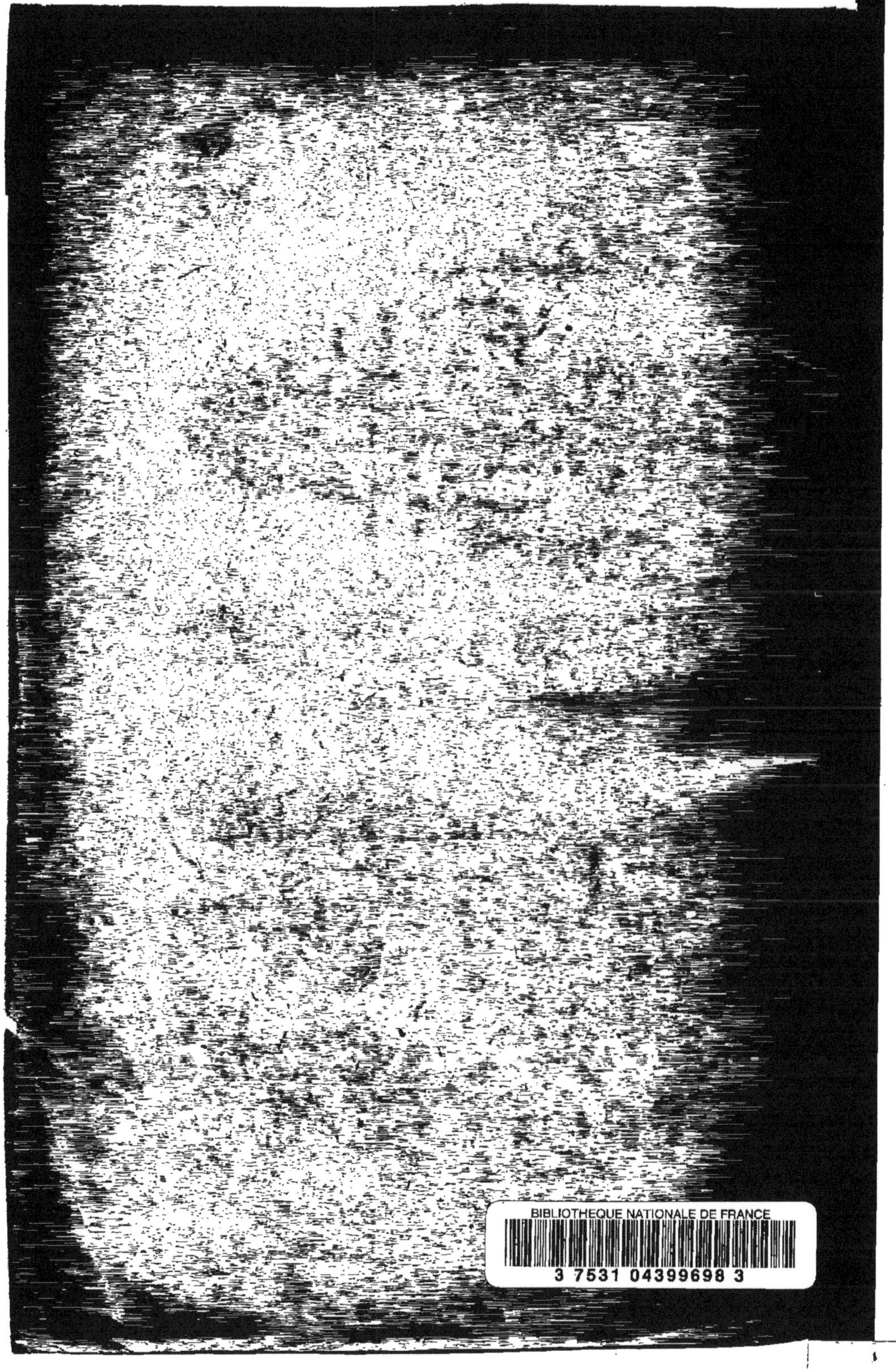
BIBLIOTHEQUE NATIONALE DE FRANCE

3 7531 04399698 3

www.ingramcontent.com/pod-product-compliance
Ingram Content Group UK Ltd.
Pitfield, Milton Keynes, MK11 3LW, UK
UKHW021006230726
13924UKWH00009B/1843